Au demeurant, il est des pays où la notion de la virilité croniamantalesque a complètement disparu. C'est ainsi qu'en Moriane les nègres le nomment Tsatsa ou Dzadza ou Rsoussour, noms féminins, car ils ont féminisé Croniamantal comme les Byzantins ont féminisé le vendredi saint en en faisant sainte Parascève.

II

Procréation

A deux lieues de Spa, sur la route bordée d'arbres tordus et de buissons, Viersélin Tigoboth, musicien ambulant qui arrivait à pied de Liège, battait le briquet pour allumer sa pipe. Une voix de femme cria :

« Eh! monsieur! »

Il leva la tête et un rire éperdu éclata :

« Hahaha! Hohoho! Hihihi! tes paupières ont la couleur des lentilles d'Égypte! Je m'appelle Macarée. Je veux un matou. »

Viersélin Tigoboth aperçut sur le bord de la route une jeune femme brune, formée de jolis globes. Qu'elle était gracieuse en jupe courte de cycliste! Et tenant d'une main son vélo, tandis qu'elle cueillait de l'autre les prunelles âpres, elle fixait ardemment ses grands yeux d'or sur le musicien wallon.

GUILLAUME APOLLINAIRE

LE POÈTE ASSASSINÉ

© 2022 Culturea Editions
Illustration de couverture : © domaine public
Edition : Culturea, le patrimoine des lettres (Hérault, 34)
Contact : infos@culturea.fr
Retrouvez notre catalogue sur http://culturea.fr
Imprimé en Allemagne par Books on Demand
In de Tarpen 42, Norderstedt
Design typographique : Derek Murphy
Layout : Reedsy (https://reedsy.com/)
ISBN : 9791041941193
Dépôt légal : Décembre 2022
Tous droits réservés pour tous pays

A René Dalize

Le Poète assassiné

Le Poète assassiné

I

Renommée

La gloire de Croniamantal est aujourd'hui universelle. Cent vingt-trois villes dans sept pays sur quatre continents se disputent l'honneur d'avoir vu naître ce héros insigne. J'essayerai plus loin d'élucider cette importante question.

Tous ces peuples ont plus ou moins modifié le nom sonore de Croniamantal. Les Arabes, les Turcs et autres peuples qui lisent de droite à gauche n'ont pas manqué de le prononcer Latnamaïnorc, mais les Turcs l'appellent bizarrement Pata, ce qui signifie oie ou organe viril, à volonté. Les Russes le surnomment Viperdoc, c'est-à-dire né d'un pet ; on verra plus loin la raison de ce sobriquet. Les Scandinaves, ou du moins les Dalécarliens, l'appellent volontiers *quoniam*, en latin, qui signifie *parce que,* mais désigne souvent les parties nobles dans les récits populaires du moyen âge. On voit que les Saxons et les Turcs manifestent à l'égard de Croniamantal le même sentiment en lui appliquant des surnoms identiques, mais dont l'origine est encore mal expliquée. On suppose que c'est une allusion euphémique à ce qui se trouvait dans le rapport médical du médecin marseillais Ratiboul sur la mort de Croniamantal. D'après cette pièce officielle, tous les organes de Croniamantal étaient sains et le médecin légiste ajoutait en latin, comme fit l'aide-major Henry pour Napoléon : *partes viriles exiguitatis insignis, sicut pueri.*

—Vs'estez one belle bâcelle, dit Viersélin Tigoboth en faisant claquer sa langue. Mais, nom di Dio, si vous mangez des prunelles vous aurez la colique, ce soir, paraît.

—Je veux un matou, répéta Macarée, et dégrafant sa chemisette, elle montra à Viersélin Tigoboth ses seins, pareils aux fesses des anges et dont l'aréole était de couleur tendre comme les nuages roses du couchant.

—Oh! oh! dit Viersélin Tigoboth, c'est beau comme les perles de l'Amblêve, donnez-les-moi. J'irai cueillir pour vous un grand bouquet de feuilles de fougère et d'iris couleur de lune.

Viersélin Tigoboth s'avança pour saisir cette chair miraculeuse qu'on lui offrait pour rien, comme à la messe le pain bénit; mais il se retint.

—V'estez one belle crapeaute di nom di Dio, vs'estez belle comme l'fôre à Lige. Vs'estez one plus belle jône feie qu'Donnaye, qu'Tatenne, qu'Victoere, dont j'ons été l'galant et que les mamzelles du mon Rénier qui sont todis à vinde. Mins, si vous voulez esse m'binaméïe, nom di Dio, v'arez les morpions.

MACARÉE

12

Ils sont couleur de lune

Et ronds comme la roue de la Fortune.

VIERSÉLIN TIGOBOTH

Si vous n'craignez pas d'attraper des poux,

Je veux bien être aujourd'hui votre époux.

Et Viersélin Tigoboth s'avança des baisers pleins les lèvres :

« J' v'ainme ! I fait pahûle ! O binaméïe ! »

Bientôt il n'y eut plus que des soupirs, des chants d'oiseaux et des lièvres roux et cornus ainsi que des diablotins passaient, vites comme les bottes de sept lieues, près de Viersélin Tigoboth et de Macarée, sous le pouvoir de l'amour, derrière les prunelliers.

Puis, la bécane emporta Macarée.

Et triste jusqu'à la mort, Viersélin Tigoboth maudit l'instrument de la vitesse qui roulait et s'engloutit derrière la rotondité terraquée, au moment où le musicien se mettait à pisser en fredonnant une pasquéïe...

III

Gestation

Macarée s'aperçut bientôt qu'elle avait conçu de Viersélin Tigoboth.

«C'est ennuyeux, pensa-t-elle d'abord, mais la médecine a fait beaucoup de progrès. Je me débarrasserai quand je voudrai. Ah! ce Wallon! Il aura travaillé en vain. Macarée peut-elle élever le fils d'un chemineau? Non, non, je condamne à mort cet embryon. Je ne veux même pas conserver dans l'esprit de vin ce fœtus de mauvaise famille. Et toi, mon ventre, si tu savais comme je t'aime depuis que je connais ta bonté. Quoi? tu acceptes de porter les fardeaux que tu trouves sur ta route? ventre trop innocent, tu es indigne de mon âme égoïste.

«Que dis-je, ô mon ventre? tu es cruel, tu sépares les enfants de leurs pères. Non! je ne t'aime plus. Tu n'es qu'un sac plein, à cette heure, ô mon ventre souriant du nombril, ô mon ventre élastique, barbu, lisse, bombé, douloureux, rond, soyeux, qui anoblis. Car tu anoblis, je l'oubliais, ô mon ventre plus beau que le soleil. Tu anoblirais aussi l'enfant du chemineau wallon et tu vaux bien la cuisse de Jupiter. Quel malheur! un peu plus, j'aurais détruit un enfant de race noble, mon enfant qui déjà vit dans mon ventre bien-aimé.»

Elle ouvrit brusquement la porte et cria:

«Madame Dehan! Mademoiselle Baba!»

Il y eut un fracas de portes, de serrures, et les propriétaires de Macarée arrivèrent en courant.

«Je suis enceinte, cria Macarée, je suis enceinte!»

Elle était assise sur son lit, les jambes écartées, sa chair était douillette. Macarée était étroite de ceinture et large de côté.

—Pauvre petite, dit Mme Dehan, qui était borgne, moustachue, déhanchée et boiteuse, pauvre petite, vous ne savez pas ce qui vous attend. Après l'accouchement, les femmes sont comme les dépouilles des hannetons qui craquent sous les pieds des passants. Après l'accouchement, les femmes ne sont plus que boîtes à maladies (regardez-moi!), coquilles d'œufs emplies de sorts, d'incantations et autres féeries. Ah! Ah! vous avez bien travaillé.

—Sottises! dit Macarée. Le devoir des femmes est d'avoir des enfants et je sais bien que généralement cela influe très heureusement sur leur santé autant physique que morale.

—De quel côté êtes-vous malade ? demanda Mlle Baba.

—Taisez-vous, paraît ! dit Mme Dehan. Allez plutôt chercher mon flacon d'élixir de Spa et apportez aussi des petits verres.

Mlle Baba apporta l'élixir. On en but.

«Ça va mieux, dit Mme Dehan ; après une telle émotion, j'avais besoin de me remettre. »

Elle se reversa un petit verre d'élixir, le but et en recueillit avec la langue les dernières gouttelettes.

—Figurez-vous, dit-elle ensuite, figurez-vous, madame Macarée... Je le jure sur ce que j'ai de plus sacré au monde, Mlle Baba en peut témoigner comme moi-même, c'est la première fois qu'il arrive pareille chose à une de mes locataires. Et il y en a eu, paraît ! Louise Bernier qu'on appelait la Plie, parce qu'elle était plate ; Marcelle la Carabinière (dont l'insolence était épatante !) ; Josuette, qui est morte d'une insolation à Christiania, le soleil voulant ainsi se venger de Josué ; Lili de Mercœur, un grand nom, paraît-il (pas le sien naturellement), et puis assez vilain pour une femme chic, ça s'écrit Mercœur : «Il faut prononcer Mercure», disait-elle la bouche en cul de poule. Et vous savez, elle a fini par là, on l'a remplie de mercure comme un thermomètre. Elle me demandait le matin: «Quel temps fera-t-il aujourd'hui?» Mais je lui répondais toujours: «Vous devez le savoir mieux que moi...» Jamais, au grand jamais, elles n'ont été enceintes chez moi.

—Voyons, c'est pas tout ça, dit Macarée. Je ne l'ai jamais été non plus. Donnez-moi des conseils, mais qu'ils soient courts.

A ce moment, elle se leva.

«Oh! s'écria Mme Dehan, que vous avez le derrière bien formé! Quel éclat! quelle blancheur! quel embonpoint! Mademoiselle Baba, Mme Macarée va mettre une robe de chambre. Servez le café et vous apporterez aussi la tarte aux myrtilles.»

Macarée mit une chemise et enfila une robe de chambre dont la ceinture était formée d'une écharpe écossaise.

Mlle Baba revint; elle apportait sur un grand plateau les tasses, la cafetière, le pot au lait, le pot à miel, les tartines beurrées et la tarte aux myrtilles.

—Vous voulez un bon conseil, dit Mme Dehan en essuyant du revers de sa main le café au lait qui coulait sur son menton. Vous ferez baptiser votre enfant.

—Je n'y manquerai pas, dit Macarée.

—Je pense même, dit Mlle Baba, qu'il serait bon de l'ondoyer le jour de sa naissance.

—En effet, marmotta Mme Dehan la bouche pleine, on ne sait jamais ce qui peut arriver. Puis vous le nourrirez vous-même, et si j'étais de vous, si j'avais de l'argent comme vous, je tâcherais d'aller à Rome avant d'accoucher et de me faire bénir par le pape. Il ne connaîtra jamais les caresses, ni les corrections paternelles, votre enfant; il ne prononcera jamais le doux nom de papa. Au moins que la bénédiction du pape le suive toute sa vie.

Et Mme Dehan se mit à sangloter comme un pot au feu qui déborde, Macarée versa des larmes aussi abondantes que celles d'une baleine qui souffle. Mais que dire de Mlle Baba? Les lèvres bleues de myrtilles, elle pleura tant et tant que, de la gorge, les sanglots se propagèrent jusqu'à son pucelage qui manqua s'étrangler.

IV

Noblesse

Après avoir gagné beaucoup d'argent au baccarat, et déjà riche grâce à l'Amour, Macarée, dont rien ne décelait la grossesse, vint à Paris où, avant tout, elle courut les couturiers à la mode,

Qu'elle était chic, qu'elle était chic!

*
* *

Un soir qu'elle s'était rendue au Théâtre-Français, on jouait une pièce morale. Au premier acte, une jeune femme que la chirurgie avait rendue stérile soignait la grossesse de son mari hydropique et fort jaloux. Le médecin s'en allait en disant :

« Un grand miracle et un grand dévouement pourront seuls le sauver. »

Au deuxième acte, la jeune femme disait au jeune médecin :

— Je me dévoue pour mon mari. Je veux devenir hydropique à sa place.

—Aimons-nous, Madame. Si vous n'étes pas impropre à la maternité, votre souhait sera rempli. Et quelle douce gloire j'en tirerai !

—Hélas ! murmurait la dame, je n'ai plus d'ovaires.

—L'amour, s'écriait alors le docteur, l'amour, madame, est capable de faire bien des miracles.

Au troisième acte, le mari mince comme un I et la dame enceinte de huit mois se félicitaient de l'échange qu'ils avaient fait. Le médecin communiquait à l'Académie de médecine le résultat de ses travaux sur la fécondation des femmes devenues stériles à la suite d'opérations chirurgicales.

*
* *

Vers la fin du troisième acte, quelqu'un cria : « Au feu ! » dans la salle. Les spectateurs épouvantés se sauvèrent en hurlant. En fuyant, Macarée s'accrocha au bras du premier homme qu'elle rencontra. Il était bien vêtu et beau de figure, et comme Macarée était charmante, il parut flatté de ce qu'elle l'eût choisi comme défenseur. Ils lièrent ensuite connaissance au café et de là allèrent souper à Montmartre.

Mais il se trouva que François des Ygrées avait par négligence oublié sa bourse. Macarée paya volontiers l'addition. Et François des Ygrées poussa la galanterie jusqu'à ne pas vouloir laisser dormir seule Macarée, que l'incident de l'incendie avait rendue nerveuse.

*
* *

François, baron des Ygrées (baronnie postiche, au demeurant), se disait le dernier rejeton d'une noble maison de Provence et professait le blason au sixième étage d'un immeuble de la rue Charles-V.

«Mais, disait-il, les révolutions et les démagogues ont tant fait que le blason n'est plus étudié que par des archéologues roturiers, tandis que les nobles ne sont plus endoctrinés dans cet art.»

Le baron des Igrées, dont l'écu était *d'azur à trois pairies d'argent posés en pal,* sut inspirer assez de sympathie à Macarée pour qu'en reconnaissance de la nuit du Théâtre-Français, elle voulût prendre des leçons de blason.

Macarée se montra, il est vrai, peu encline à retenir les termes du blason, et l'on peut affirmer qu'elle ne s'intéressa sérieusement qu'aux armes des Pignatelli, qui ont fourni des papes à l'Église et dont l'écu est meublé de marmites.

Néanmoins, ces leçons ne furent une perte de temps ni pour Macarée ni pour François des Ygrées, car ils finirent par s'épouser. Macarée apporta en dot son argent, sa beauté et sa grossesse. François des Ygrées offrit à Macarée un grand nom et sa noble prestance.

Ils n'avaient à se plaindre du marché ni l'un ni l'autre et se trouvèrent heureux.

« Macarée, ma chère épouse, dit François des Ygrées peu de jours après son mariage, pourquoi donc avez-vous commandé tant de toilettes ? Il me semble qu'il ne se passe point de jour sans que les couturiers n'en apportent de nouvelles. Elles font, il est vrai, honneur à votre bon goût et à leur habileté. »

Macarée hésita un instant, puis répondit :

— C'est en vue de notre voyage de noces, François !

— Notre voyage de noces, j'y avais songé. Mais où comptez-vous aller ?

— A Rome, dit Macarée.

— A Rome, comme les cloches de Pâques ?

—Je veux voir le pape, dit Macarée.

—Fort bien, mais dans quel but?

—Afin qu'il bénisse l'enfant qui tressaille dans mon ventre, dit Macarée.

—Tubleu! Morbleu!

—Ce sera votre fils, dit Macarée.

—Vous avez raison, Macarée. Nous irons à Rome, comme les cloches de Pâques. Vous commanderez une nouvelle robe de velours noir; et que devant, au bas de la jupe, le couturier ne néglige pas de faire broder nos armes parlantes : *d'azur à trois pairies d'argent posés en pal.*

V

Papauté

«Per caritá, madame la *baronesse* (on vous dirait volontiers mademoiselle!) Ah! Ah! Ah! Mais le *monsieur le baron* votre mari, il protesterait, ah! ah! ah! c'est que c'est vrai, vous avez un petit ventre qui commence à devenir arrogant. On travaille bien, je vois, en France. Ah! si ce beau pays voulait redevenir religieux, aussitôt la population décimée par l'anticléricalisme, (oui, *baronesse*, c'est prouvé), la population croîtrait considérablement. Ah! Jésus saint! comme elle écoute bien, l'arrogantine, quand on parle sérieusement, oui, *baronesse*, vous avez l'air d'une arrogantine. Ah! ah! ah! alors, on veut voir le pape. Ah! ah! la bénédiction d'un simple cardinal comme moi ne suffit pas. Ah! ah! taisez-vous, je comprends bien. Ah! ah! je tâcherai d'obtenir l'audience. Oh! ne me remerciez pas, laissez donc ma main tranquille. Comme elle embrasse bien, l'arrogantine, hein! oui! Venez encore ici, je veux que vous emportiez un souvenir de moi.

«Là! une chaîne, avec la médaille de la sainte maison de Lorette. Allons, que je vous la passe autour du cou, je veux dire... Ah! c'est du français, nous pouvons pas le prononcer. Vous ne savez pas l'italien. Nous disons toujours *ou*, en français vous dites *u*, c'est très fatigant... Maintenant que vous avez la médaille, vous allez me promettre de ne jamais la quitter. Bien, bien, bien! Venez que je vous baise au front. Là! allons! est-ce qu'elle a peur de moi l'arrogantine? C'est fait! Dites-moi ce qui vous fait rire?... Rien! Et alors! Un conseil! Quand vous irez au Vatican, je vous recommande de ne pas mettre tant de puanteur, je veux dire tant d'odeur sur vous. Au revoir, arrogantine. Revenez me voir. Mes compliments au *monsieur baron.* »

*
* *

C'est ainsi que, grâce au cardinal Ricottino qui avait été nonce à Paris, Macarée obtint une audience du pape.

Elle se rendit au Vatican, vêtue de sa belle robe armoriée. Le baron des Ygrées, en redingote, l'accompagnait. Il admira beaucoup la tenue des gardes-nobles, et les Suisses mercenaires, enclins aux soûleries et aux mutineries, lui parurent de beaux diables. Il trouva l'occasion de parler à l'oreille de sa femme d'un de ses aïeux cardinal sous Louis XIII...

*
* *

Les deux époux rentrèrent à l'hôtel fort émus et comme confits par la bénédiction papale. Ils se déshabillèrent chastement, et dans le lit, ils parlèrent longtemps du pontife, tête blanchie de la vieille Église, neige que les catholiques pensent éternelle, lys en serre.

— Ma femme, dit pour finir François des Ygrées, je vous estime en vous adorant et j'aimerai de tout mon cœur l'enfant que le pape a béni. Qu'il vienne donc l'enfant bénit, mais je désire qu'il naisse en France.

26

— François, dit Macarée, je ne connais pas encore Monté-Carle, allons-y! Il ne faut pas que je perde la boule. Nous ne sommes pas millionnaires. Je suis certaine que j'aurai du succès à Monte-Carlo.

— Tubleu! Morbleu! Têtebleu! sacra François, Macarée vous me faites voir rouge.

— Aïe, cria Macarée, tu m'as donné un coup de pied, maq...

— Je vois avec plaisir Macarée, dit spirituellement François des Ygrées, qui se ressaisissait vite, que vous n'oubliez pas que je suis votre mari.

— Allons, mon petit Zozo, on part pour Monaco.

— Oui, mais tu accoucheras en France, car Monaco est un état indépendant.

— C'est entendu, dit Macarée.

Le lendemain le baron des Ygrées et la baronne, tout bouffis de piqûres de moustiques, prirent à la gare des billets pour Monaco. Dans le wagon ils faisaient des projets charmants.

VI

Gambrinus

Le baron et la baronne des Ygrées, en prenant des billets pour Monaco, pensaient arriver à cette station qui est la cinquième quand on va d'Italie en France et la seconde de la petite principauté monégasque.

Le nom de Monaco est proprement le nom italien de cette Principauté, bien qu'on l'emploie aujourd'hui en français, les désignations françaises, Mourgues et Monéghe, étant tombées en désuétude.

Or, la langue italienne appelle Monaco, non seulement la principauté de ce nom, mais encore la capitale de la Bavière que les Français nomment Munich. L'employé avait délivré au baron des billets pour Monaco-Munich au lieu de ceux pour Monaco-Principauté. Lorsque le baron et la baronne s'aperçurent de l'erreur, ils étaient à la frontière de la Suisse et après s'être remis de leur étonnement, ils décidèrent d'achever le voyage de Munich afin de voir de près tout ce que l'esprit anti-artistique de l'Allemagne moderne a pu concevoir de laid en fait d'architecture, de statuaire, de peinture et d'art décoratif...

*
* *

Un froid mois de mars laissa grelotter le couple dans l'Athènes de carton pierre...

«La bière, avait dit le baron des Ygrées, est excellente pour les femmes enceintes.»

Il emmena sa femme à la brasserie royale du Pschorr, à l'Augustinerbraü, au Munchnerkindl et dans d'autres brasseries.

Ils gravirent le Nockerberg où est situé un grand jardin. On y boit, tant qu'elle dure, la bière de mars la plus fameuse, la *Saluator*, et elle ne dure pas longtemps, car les Munichois sont des ivrognes.

*
* *

Lorsque le baron entra dans le jardin avec sa femme, ils le trouvèrent envahi par la foule des buveurs déjà saouls qui chantaient à tue-tête, dansaient en branle et brisaient les chopes vides.

Des marchands vendaient les volailles rôties, les harengs grillés, les bretzels, les petits pains, la charcuterie, les sucreries, les bibelots-souvenirs, les cartes postales. Il y avait aussi Hannès Irlbeck, le roi des buveurs. Depuis Perkeo, le nain ivrogne du grand tonneau d'Heidelberg, on n'avait vu pareil boit-sans-soif. Au temps de la bière de mars, puis en mai, au moment du Bock, Hannès Irlbeck buvait ses quarante litres de bière. En temps ordinaire, il lui arrivait de n'en boire que vingt-cinq.

Au moment où le gracieux couple des Ygrées arriva près de lui, Hannès posa ses fesses kolossales sur un banc qui, supportant déjà une vingtaine d'hommes et de femmes énormes, craqua incontinent. Les buveurs tombèrent les jambes en l'air. On aperçut quelques cuisses nues, car les bas des Munichoises ne montent pas plus haut que le genou. Les rires éclatèrent partout. Hannès Irlbeck qui s'était écroulé aussi, mais sans lâcher sa chope, en versa le contenu sur le ventre d'une fille qui avait roulé près de lui, et la bière moussant sous elle ressemblait à ce qu'elle fit sitôt debout, en avalant un litre d'un seul trait afin de se remettre de son émotion.

Mais le gérant du jardin criait :

« Donnerkeil ! sacrés cochons... un banc de cassé. »

Et il se précipita sa serviette sous le bras en appelant les garçons :

— Franz ! Jacob ! Ludwig ! Martin ! pendant que les consommateurs appelaient le gérant :

—Ober! Ober!

Cependant, l'Oberkellner et les garçons ne revenaient pas. Les buveurs se pressaient aux comptoirs où l'on prend sa chope soi-même, mais les tonneaux ne se vidaient plus, on n'entendait plus de minute en minute les coups sonores annonçant la mise en perce d'un nouveau fût. Les chants s'étaient arrêtés, des buveurs en colère proféraient des injures contre les brasseurs et contre la bière de mars même. D'autres profitaient de l'entr'acte et vomissaient avec de violents efforts, les yeux hors de la tête; leurs voisins les encourageaient avec un sérieux imperturbable. Hannès Irlbeck qui s'était relevé non sans peine, renifla en murmurant:

« Il n'y a plus de bière à Munich! »

Et il répéta, avec l'accent de sa ville natale:

« Minchen! Minchen! Minchen! »

Après avoir levé les yeux au ciel, il se précipita vers un marchand de volailles et lui ayant commandé de rôtir une oie, se mit à formuler des souhaits :

« Plus de bière à Munich... s'il y avait seulement des radis blancs ! »

Et il répéta longtemps le terme munichois :

« Raadi, raadi, raadi... »

Tout à coup, il s'interrompit. La foule des buveurs altérés poussa un cri de satisfaction. Les quatre garçons venaient d'apparaître à la porte de la brasserie. Ils portaient dignement une sorte de baldaquin sous lequel l'Oberkellner marchait raide et fier comme un roi nègre détrôné. Ils précédaient de nouveaux tonneaux de bière qui furent mis en perce au son de la cloche, et tandis qu'éclataient les rires, les cris et les chansons sur cette butte grouillante, dure et agitée comme la pomme d'Adam de Gambrinus même, quand burlesquement vêtu en moine, le radis blanc d'une main, il vide de l'autre la cruche qui lui réjouit le gosier.

Et l'enfant à venir se trouva fort secoué par les rires de Macarée qui s'amusait au spectacle de cette énorme godaillerie et qui ne laissa point de boire jusqu'à plus soif en compagnie de son mari.

Or l'allégresse de la mère eut une heureuse influence sur le caractère du rejeton qui en acquit beaucoup de bon sens, dès avant sa naissance, et du véritable bon sens, s'entend, celui des grands poètes.

VII

Accouchement

Le baron François des Ygrées quitta Munich au moment où la baronne Macarée connut que s'avançait l'heure de la délivrance. M. des Ygrées ne voulait pas d'un enfant né en Bavière ; il assurait que ce pays prédispose à la syphilis.

Ils arrivèrent, avec le printemps, au petit port de la Napoule, que dans un calembour lyrique du plus bel effet, le baron baptisa pour l'éternité :

La Napoule aux deux d'or.

C'est là que s'accomplit la délivrance de Macarée.

*
* *

« Ah ! Ah ! Aïe ! Aïe ! Aïe ! Ouil ! Ouil ! Ouilles ! »

Les trois sages-femmes du pays se mirent à deviser agréablement :

PREMIÈRE SAGE-FEMME

34

Je songe à la guerre.

O mes amies, les étoiles, les belles étoiles, les avez-vous comptées?

O mes amies, vous souvenez-vous seulement des titres de tous les livres que vous avez lus et du nom des auteurs?

O mes amies, avez-vous songé aux pauvres hommes qui firent les grandes routes?

Les pâtres de l'âge d'or laissaient paître leurs troupeaux sans craindre l'abigeat, ils ne redoutaient que les fauves.

O mes amies, que pensez-vous de tous ces canons?

DEUXIÈME SAGE-FEMME

Ce que je pense de ces canons? Ce sont de vigoureux priapes.

O mes belles nuits! Je suis heureuse d'une corneille sinistre qui m'enchanta hier soir, c'est de bon augure. Mes cheveux sont parfumés à l'abel-mosch.

O! les beaux et raides priapes que sont ces canons. Si les femmes avaient dû faire le service militaire, elles auraient servi dans l'artillerie.

La vue des canons doit être étrange pendant la bataille.

Les lumières naissent sur la mer au loin. Réponds, ô Zélotide, réponds de ta voix douce.

TROISIÈME SAGE-FEMME

J'aime ses yeux dans la nuit, il connaît bien mes cheveux et leur odeur. Dans les rues de Marseille un officier m'a longtemps suivie. Il était bien vêtu et de belles couleurs, il y avait de l'or sur ses habits et sa bouche me tentait, mais j'ai fui ses baisers en me réfugiant dans mon ou ma bed-room du ou de la family-house où j'étais descendue.

PREMIÈRE SAGE-FEMME

O Zélotide, épargne les tristes hommes comme tu épargnas ce mirliflor. Zélotide, que penses-tu des canons ?

DEUXIÈME SAGE-FEMME

Hélas ! Hélas ! je voudrais être aimée.

TROISIÈME SAGE-FEMME

Ils sont les instruments de l'ignoble amour des peuples. O Sodome !

Sodome! O le stérile amour!

PREMIÈRE SAGE-FEMME

Mais nous sommes femmes, et que dis-tu de Sodome?

TROISIÈME SAGE-FEMME

Le feu du ciel l'a dévorée.

L'ACCOUCHÉE

Quand vous aurez fini vos simagrées, si cela vous agrée, n'oubliez pas de vous occuper de la baronne des Ygrées.

*
* *

Le baron dormait dans un coin de la chambre, sur quelques couvertures de voyage. Il fit un pet qui fit rire aux larmes sa moitié. Macarée pleurait, criait, riait, et quelques instants après mettait au monde un enfant bien constitué du sexe masculin. Alors, épuisée par tous ces efforts, elle rendit l'âme, en poussant un hurlement semblable à cet ululement que pousse l'éternelle première femme d'Adam, lorsqu'elle traverse la mer Rouge.

En rapportant ce qui précède, je crois avoir élucidé l'importante question du lieu natal de Croniamantal. Laissons les 123 villes[1] dans 7 pays sur 4 continents se disputer l'honneur de lui avoir donné naissance.

1. Parmi ces villes, citons Naples, Andrinople, Constantinople, Néauphle-le-Château, Grenoble, Pultava, Pouilly-en-Auxois, Pouilly-les-Feurs, Nauplie, Séoul, Melbourne, Oran, Nazareth, Ermenonville, Nogent-sur-Marne, etc.

Nous savons maintenant, et les registres de l'état civil sont là pour un coup, qu'il est né du pet paternel, à *La Napoule aux cieux d'or,* le 25 août 1889, mais fut déclaré à la mairie seulement le lendemain matin.

C'était l'année de l'Exposition Universelle, et la tour Eiffel, qui venait de naître, saluait d'une belle érection la naissance héroïque de Croniamantal.

Le baron des Ygrées refit un pet qui le réveilla auprès du lit macabre où se carrait le machabée de Macarée. L'enfant criait, les sages-femmes gloussaient, le père sanglotait, en criant :

« Ah ! la Napoule aux cieux d'or, j'ai tué ma poule aux yeux d'or ! »

Puis il ondoya le nouveau-né l'appelant d'un nom qu'il inventa aussitôt et qui n'appartient à aucun saint du Paradis : CRONIAMANTAL.

Il partit le jour suivant, après avoir réglé les funérailles de son épouse, écrit les lettres nécessaires pour recueillir sa succession et déclaré l'enfant sous les noms de Gaëtan-Francis-Étienne-Jack-Amélie-Alonso Des ygrées. Avec ce nourrisson dont il était le père putatif, il prit le train pour la Principauté de Monaco.

VIII

Mammon

Veuf, François des Ygrées s'établit près de la Principauté ; sur le territoire de Roquebrune, il prit pension dans une famille, dont faisait partie une jolie brune qu'on appelait Mia. Là, il nourrissait lui-même au biberon l'héritier de son nom.

Souvent, il allait dès l'aurore se promener au bord de la mer. La route était bordée d'agaves qu'involontairement, chaque fois qu'il les voyait, il comparait à des paquets de morue sèche. Parfois, à cause du vent contraire, il se tournait pour allumer une cigarette égyptienne dont la fumée s'élevait en spirales semblables aux montagnes bleuâtres qui s'estompaient au loin en Italie.

*
* *

La famille au sein de laquelle il s'était installé se composait du père, de la mère et de Mia. M. Cecchi, un Corse, était croupier au casino. Il avait été autrefois croupier à Baden-Baden et y avait épousé une Allemande. De cette union était née Mia, dont la carnation et les cheveux noirs attestaient surtout le sang corse. Elle était toujours vêtue de couleurs voyantes. Sa démarche était balancée, sa taille était cambrée ; elle avait moins de poitrine que de croupe, et un peu de strabisme donnait à ses yeux noirs un regard un peu égaré qui ne la rendait que plus désirable.

Son parler était lâche, mou, grasseyant, mais agréable cependant. C'est l'accent des Monégasques, dont Mia suivait la syntaxe. Après avoir quelquefois vu la jeune fille cueillir des roses, François des Ygrées commença à s'occuper d'elle et s'amusa de cette syntaxe dont il lui plut de rechercher quelques règles. Il en remarqua d'abord les italianismes et surtout celui qui consiste à conjuguer le verbe être avec lui-même pour auxiliaire, au lieu d'employer le verbe avoir. Ainsi, Mia disait : «Je suis étée», au lieu de : «J'ai été». Il nota cette règle bizarre qui consiste à répéter le verbe de la proposition principale après cette proposition : «Je suis été aux Moulins, pendant que vous alliez à Menton, je suis été», ou bien : «Cette année je veux aller à Nice, à la foire aux *cogourdes*, je veux».

*
* *

Une fois, avant le lever du soleil, François des Ygrées descendit au jardin. Il s'y abandonna à une douce rêverie pendant laquelle il s'enrhuma. Tout à coup il se mit à éternuer sans répit une vingtaine de fois, atchi, atchou, atchi.

Ces éternuements le dégourdirent. Il vit que le ciel blanchissait et l'horizon marin s'éclairait le premier à cette aube. Puis un commencement d'aurore enflamma le ciel du côté de l'Italie. En face s'étendait la mer encore triste, et à l'horizon, comme un petit nuage au ras de la mer, se courbaient les sommets de la Corse, qui disparaissent après le lever du soleil. Le baron des Ygrées frissonna, puis il bâilla en s'étirant. Alors il regarda encore la mer à l'orient, où l'on eût dit que flambait une flotte royale en vue d'une ville marine aux maisons blanches, Bordighère, qui fournit les palmes pour les fêtes du Vatican. Il se tourna vers le gardien immobile du jardin: ce grand cyprès enguirlandé d'un rosier fleuri qui lui grimpait jusqu'à la cime. François des Ygrées respira les roses somptueuses aux fragrances nonpareilles et dont les pétales encore serrés étaient de chair.

C'est alors que Mia l'appela pour qu'il prît son déjeuner.

Sa natte dans le dos, elle venait de cueillir des figues et en laissait couler des gouttes laiteuses dans une jatte de lait. Elle sourit à Croniamantal en disant: «Voulez-vous goûter le lait caillé?» Il dit que non, car il ne l'aimait pas.

— Avez-vous bien reposé? demanda-t-elle.

— Non, il y a trop de moustiques.

— Vous savez, quand on a été piqué, on n'a qu'à se frotter avec du citron et pour ne pas l'être on se met de la vaseline sur le visage avant de se coucher. Moi, elles ne me piquent pas.

— Ça serait dommage. Car vous êtes très jolie et on a dû vous le dire souvent.

— Il y en a qui le disent et d'autres qui le pensent sans le dire, il y en a. Pour ceux qui me le disent, ça ne me fait ni froid, ni chaud, pour les autres c'est tant pis pour eux, c'est...

Et François des Ygrées imagina aussitôt une fable pour les timides :

Fable de l'huître et du hareng

Une huître vivait belle et sage, sur une roche. Elle ne rêvait pas d'amour, mais pendant les beaux jours bayait au soleil béatement. Un hareng la vit et ce fut le coup de foudre. Il s'en amouracha éperdument sans oser le lui avouer.

Un jour d'été, heureuse et coite, l'huître bâillait. Tapi derrière un rocher, le hareng la contemplait, mais tout à coup le désir de donner un baiser à sa bien aimée devint si fort qu'il ne put le réfréner.

Il se jette alors entre les écailles ouvertes de l'huître et, surprise, elle les referme soudain, décapitant le misérable dont le corps flotte sans tête, à l'aventure, sur l'océan.

— C'était tant pis pour le hareng, dit Mia en riant, il était par trop bête. Moi, je veux bien qu'on me dise que je suis jolie, mais pas pour rire, pour que nous se fiancions...

Et François des Ygrées remarqua pour la noter cette curieuse particularité de syntaxe qui fait conjuguer le pluriel des verbes pronominaux avec le concours unique, à chaque personne, du pronom réfléchi de la troisième personne : nous se fiançons, vous se fiançez... Et il pensait encore :

« Elle ne m'aime pas. Macarée morte. Mia indifférente. Allons, je suis malheureux en amour. »

*
* *

Un jour, il se trouvait dans le vallon des Gaumates, sur un monticule planté de petits pins maigres. La côte bordée par le blanc-bleu des flots s'allongeait au loin, devant lui. Le Casino émergeait de la forêt des arbres rares de ses jardins. François des Ygrées le regardait. Ce palais ressemblait à un homme accroupi et levant ses bras au ciel. Près de lui François des Ygrées entendit un Mammon invisible :

« Regarde ce palais, François, il est fait à l'image de l'homme. Il est sociable comme lui. Il aime ceux qui le visitent et surtout ceux qui sont malheureux en amour. Vas-y et tu gagneras, car on ne peut pas perdre au jeu lorsqu'ainsi que toi, l'on est malheureux en amour. »

Comme il était six heures, l'angélus tinta aux différentes églises des alentours. La voix des cloches prévalut contre la voix du Mammon invisible qui se tut, tandis que François des Ygrées le cherchait.

*
* *

Le lendemain, François prit le chemin du temple de Mammon. C'était le dimanche des Rameaux. Les rues étaient encombrées d'enfants, de jeunes filles, de femmes portant des palmes et des rameaux d'oliviers. Les palmes étaient soit simples, soit tressées selon un art spécial. A chaque coin de rue, des tresseurs de palmes travaillaient assis contre une muraille. Sous leurs doigts experts les fibres des palmes se courbaient, s'enroulaient bizarrement et gracieusement. Des enfants jouaient déjà aux œufs durs. Sur une place, une troupe de gamins rossait un gosse roux que l'on avait surpris se servant d'un œuf de marbre. C'est de cette façon qu'il cassait les œufs et les gagnait. De toutes petites filles allaient à la messe, bien vêtues et portant, comme des cierges, les palmes tressées auxquelles leurs mères avaient suspendu des friandises.

François des Ygrées pensa :

« La vue des palmes porte bonheur et aujourd'hui Pâques fleuries, je veux faire sauter la banque. »

*
* *

Dans la salle des jeux, il regarda d'abord la foule disparate qui se pressait autour des tables...

François des Ygrées s'approcha d'une table et joua. Il perdit. Le Mammon invisible était revenu et parlait durement chaque fois qu'on ratissait les mises :

« Tu as perdu ! »

Et François ne voyait plus la foule, la tête lui tournait, il plaçait des louis, des liasses de billets en plein, à cheval, en transversale, sur la couleur. Il joua longtemps, perdant tout ce qu'il voulait.

Il se tourna enfin et vit la salle illuminée où les joueurs se pressaient comme auparavant. Avisant un jeune homme dont la figure maussade indiquait assez qu'il n'avait pas eu de veine, François lui sourit et demanda s'il avait perdu.

Le jeune homme dit, l'air furieux :

« Vous aussi ? Un Russe a gagné plus de deux cent mille francs près de moi. Ah ! si j'avais encore cent francs, j'irais me refaire au trente et quarante. Et puis non, au fait, j'ai la guigne, la déveine noire, je suis foutu. Figurez-vous... »

Et, prenant François par le bras, il l'entraînait vers un divan sur lequel ils s'assirent.

«Figurez-vous, reprit-il, que j'ai tout perdu. Je suis presque un voleur. L'argent que j'ai perdu ne m'appartenait pas. Je ne suis pas riche, j'ai une bonne position dans le commerce. Mon patron m'a envoyé recouvrer des traites à Marseille. J'ai touché. J'ai pris le train pour venir tenter la chance. J'ai perdu. Que voulez-vous? On m'arrêtera. On dira que je suis un malhonnête homme et pourtant je n'ai pas profité de cet argent. J'ai tout perdu. Eussé-je gagné? personne ne m'aurait rien reproché. Ah! j'ai la guigne! Il ne me reste plus qu'à me tuer.»

Et soudain, se dressant, le jeune homme porta un revolver à sa bouche et fit feu. On emporta le cadavre. Quelques joueurs tournèrent un peu la tête, mais aucun ne se dérangea et la plupart ne s'aperçurent même pas de l'incident qui causa une profonde impression sur l'esprit du baron des Ygrées. Il avait perdu tout ce qu'avait laissé Macarée et qui était destiné à son enfant. En s'en allant François sentit l'univers se resserrer autour de lui comme une cellule, puis comme un cercueil. Il regagna la villa où il demeurait. A la porte, il s'arrêta devant Mia qui causait avec un voyageur portant une valise.

« Je suis Hollandais, disait cet homme, mais j'habite la Provence et je voudrais louer une chambre pour quelques jours ; je viens faire ici des observations mathématiques. »

A ce moment le baron des Ygrées envoya de la main gauche un baiser à Mia, tandis que, tenant un revolver de la droite, il se faisait sauter la cervelle et s'abattait dans la poussière.

« Nous ne louons qu'une seule chambre, dit Mia. Mais la voilà libre. »

Et vite elle alla fermer les yeux du baron des Ygrées, poussa des cris de pie, ameuta le quartier. On alla chercher la police qui enleva le corps et nul n'en entendit plus jamais parler.

* * *

Quant au jeune enfant, que son père, dans un élan de ce lyrisme qui lui était particulier avait nommé une fois pour toutes Croniamantal, il fut recueilli par le voyageur hollandais qui l'emporta bientôt pour l'élever comme son propre fils.

Le jour où ils partirent, Mia vendit sa virginité à un champion millionnaire du tir aux pigeons, et c'était la trente-cinquième fois qu'elle se livrait à cette petite opération commerciale.

IX

Pédagogie

Le Hollandais qui se nommait Janssen emmena Croniamantal aux environs d'Aix, dans une maison que les gens du voisinage appelaient le Château. Le Château n'avait de seigneurial que le nom et n'était qu'une vaste demeure à laquelle tenaient une laiterie et une écurie.

M. Janssen possédait une modeste aisance et vivait seul dans cette demeure qu'il avait achetée pour y vivre à l'écart, des fiançailles brusquement rompues l'ayant rendu un peu hypocondre. Il la consacrait maintenant à y tenter l'éducation du fils de Macarée et de Viersélin Tigoboth : Croniamantal, héritier du vieux nom des Ygrées.

*
* *

Le Hollandais Janssen avait beaucoup voyagé. Il parlait toutes les langues d'Europe, l'Arabe, le Turc sans compter l'Hébreu et les autres langues mortes. Son langage était clair comme ses yeux bleus. Il avait vite eu pour amis quelques humanistes d'Aix qu'il allait visiter parfois et il correspondait avec beaucoup de savants étrangers.

Dès que Croniamantal eut six ans, M. Janssen l'emmena souvent dans la campagne le matin. Croniamantal aimait ces leçons dans les sentiers des collines boisées. M. Janssen s'arrêtait parfois et montrant à

Croniamantal des oiseaux voletant l'un près de l'autre ou des papillons se poursuivant et s'ébattant ensemble sur un églantier, il disait que l'amour guide toute la nature. Ils sortaient aussi le soir par le clair de lune et le maître expliquait à l'élève les destins secrets des astres, leur cours régulier et leurs effets sur les hommes.

Croniamantal n'oublia jamais qu'un soir lunaire de mai, son maître l'avait mené dans un champ à la lisière d'une forêt; l'herbe ruisselait de lumière laiteuse. Autour d'eux les lucioles palpitaient; leurs lueurs phosphorescentes et vagabondes donnaient au site un aspect étrange. Le maître attira l'attention du disciple sur la douceur de cette nuit de mai:

«Apprenez», disait-il, car il ne le tutoyait plus, parce que l'enfant avait grandi; «apprenez tout de la nature et aimez-la. Qu'elle soit votre nourrice véritable dont les mamelles insignes sont la lune et la colline.»

Croniamantal avait à cette époque treize ans et son esprit était fort éveillé. Il écoutait attentivement les paroles de M. Janssen.

—J'ai toujours vécu en elle, mais mal vécu en somme, car on ne doit pas vivre sans amour humain, sans compagne. N'oubliez pas que tout est preuve d'amour dans la nature. Moi-même hélas! je suis maudit pour n'avoir pas suivi cette loi avant laquelle n'existe que sa nécessité qui est le destin.

—Comment, dit Croniamantal, vous mon maître, qui connaissez tant de sciences, n'avez-vous pas distingué cette loi puisque les rustres la connaissent et même les animaux, les végétaux, les matières inertes?

—Heureux enfant qui peut à treize ans faire de telles questions! dit M. Janssen. J'ai toujours connu cette loi, à laquelle nul être ne saurait être rebelle. Mais quelques hommes disgraciés ne doivent pas connaître l'amour. Cela arrive surtout parmi les poètes et les savants. Les âmes sont vagabondes, j'ai la conscience des vies précédentes de mon âme. Elle n'a jamais animé que des corps stériles de savants. Il n'y a rien qui doive vous étonner dans mon affirmation. Des peuples entiers respectent les animaux et proclament la métempsychose, croyance honorable, évidente, mais outrée, puisqu'elle ne tient aucun compte des formes perdues et de l'éparpillement inévitable. Leur respect eût dû s'étendre aux végétaux et même aux minéraux. Car la poussière des chemins, qu'est-ce autre chose que la cendre des morts? Il est vrai que les Anciens ne prêtaient point de vie aux choses inertes. Des rabbins ont cru que la même âme habita les corps d'Adam, de Moïse et de David. En effet, le nom d'Adam se compose en Hébreu d'Aleph, Daleth et Mem, premières lettres des trois noms. La vôtre habita comme la mienne dans d'autres corps humains, dans d'autres animaux ou fut éparpillée et continuera ainsi après votre mort puisque tout doit resservir. Car peut-être il n'y a plus rien de nouveau et la création a cessé peut-être... J'ajoute que je n'ai pas voulu de l'amour, mais je le jure, je ne recommencerais pas une vie semblable. J'ai mortifié ma chair et pratiqué de dures pénitences. Je voudrais que votre vie fût heureuse.

Le maître de Croniamantal lui fit consacrer la majeure partie de son temps aux sciences, il le tenait au courant des inventions nouvelles. Il lui enseignait aussi le latin et le grec. Souvent, ils lisaient les églogues de Virgile ou traduisaient Théocrite dans un site d'oliviers pareil aux sites antiques. Croniamantal avait appris un français très pur, mais c'est en latin que le maître enseignait, il montrait aussi l'italien et de bonne heure il mit entre les mains de Croniamantal les rimes de Pétrarque qui devint un de ses poètes favoris. M. Janssen enseigna encore à Croniamantal l'anglais et le rendit familier avec Shakespeare. Il lui donna surtout le goût des anciens auteurs français. Parmi les poètes français il estimait avant tout Villon, Ronsard et sa pléiade, Racine et La Fontaine. Il lui fit encore lire les traductions de Cervantes et de Gœthe. Sur son conseil, Croniamantal lut des romans de chevalerie dont plusieurs auraient pu faire partie de la bibliothèque de Don Quichotte. Ils développèrent en Croniamantal un goût insurmontable pour les aventures et les amours périlleuses; il s'appliquait à l'escrime, à l'équitation; dès l'âge de quinze ans il déclarait à quiconque venait les visiter qu'il était bien décidé à devenir un chevalier fameux sans maître, et déjà il rêvait d'une maîtresse.

Croniamantal était, à cette époque, un bel adolescent mince et droit. Les filles, lorsqu'il les frôlait dans les fêtes villageoises, étouffaient de petits rires et rougissaient en baissant les yeux sous son regard. Son esprit habitué aux formes poétiques, concevait l'amour comme une conquête. Des réminiscences de Boccace, son naturel hardi, son éducation, tout le disposait à oser.

Un jour de mai, il était allé, à cheval, faire une longue promenade. C'était le matin, la nature était encore fraîche. La rosée pendait aux fleurs des buissons et de chaque côté du chemin s'étendaient des champs d'oliviers dont les feuilles grises s'agitaient doucement aux brises maritimes et se mariaient agréablement au bleu céleste. Il arriva à un endroit où l'on travaillait à la route. Les cantonniers, de beaux garçons en bonnet de belles couleurs, travaillaient paresseusement en chantant et s'interrompaient parfois pour boire à leur gourde. Croniamantal pensa que ces beaux gars avaient des calignaires. C'est ainsi qu'en ce pays on nomme les amants. Les garçons disent « ma calignaire ». les filles « mon calignaire », et de fait ils sont câlins et elles sont câlines dans cette belle contrée. Le cœur de Croniamantal se serra et tout son être exalté par le printemps et la chevauchée, cria vers l'amour.

A un tournant de route, une apparition augmenta sa peine. Il arriva près d'un petit pont jeté sur une rivière qui coupait le chemin. L'endroit était solitaire et, à travers les buissons et les troncs de peupliers, il vit deux belles filles se baigner toutes nues. L'une était dans l'eau et se retenait à une branche. Il admira ses bras bruns et des appas potelés que l'onde voilait à peine. L'autre, debout sur la rive, s'essuyait après le bain et laissait voir des contours ravissants, des grâces qui enflammèrent Croniamantal; il résolut d'intervenir auprès de ces filles et de se mêler à leurs ébats. Par malheur, il aperçut dans les branches d'un arbre voisin deux jouvenceaux guettant cette proie. Retenant leur haleine et attentifs aux moindres mouvements des baigneuses, ils ne voyaient pas le cavalier qui, riant de toutes ses forces, lança son cheval au galop et se mit à pousser des cris en traversant le petit pont.

*
* *

Le soleil était monté et presque au zénith dardait d'insupportables rayons. Aux inquiétudes amoureuses de Croniamantal vint s'ajouter une soif ardente. La vue d'une ferme au bord du chemin lui causa une joie indicible. Il arriva bientôt devant la métairie derrière laquelle était un petit verger que des arbres fleuris rendaient délicieux. C'était un petit bois rose et blanc de cerisiers et de pêchers. Sur la haie, des linges séchaient et il eut le plaisir de voir une ravissante paysanne de près de seize ans, en train de laver des hardes dans une cuve à l'ombre d'un figuier à peine feuillu qui, poussant dans le terrain voisin, se penchait sur le verger. N'ayant pas pris garde à son arrivée, elle continuait d'accomplir sa fonction domestique, qu'il trouva noble ; car plein de souvenirs antiques, il la comparait à Nausicaa. Étant descendu de cheval, il s'approcha de la haie et, ravi, contempla la jolie fille. Il la voyait de dos. Ses cottes troussées découvraient un mollet bien fait dans un bas très blanc. Son corps s'agitait de façon agréablement agaçante à cause de mouvements occasionnés par la lessive. Ses manches étaient relevées et il apercevait de beaux bras bruns et potelés qui l'enchantèrent.

*
* *

J'ai toujours aimé particulièrement les beaux bras. Il est des gens qui attachent une grande importance à la perfection du pied. J'avoue qu'elle me touche, mais le bras est à mon avis ce que la femme doit avoir de plus parfait. Il agit toujours, on l'a constamment sous les yeux. On pourrait dire qu'il est l'organe des grâces et que, par ses

55

mouvements adroits, il est l'arme véritable de l'Amour, alors que, recourbé, ce bras délicat imite un arc dont, étendu, il figure la flèche.

*
* *

C'était aussi l'avis de Croniamantal. Il y songeait quand, tout à coup, son cheval qu'il tenait par la bride, connaissant l'heure acoutumée de sa provende, se prit à hennir pour la réclamer. Aussitôt la jeune fille se retourna et parut surprise de voir un étranger la contempler par-dessus la haie. Elle rougit et n'en parut que plus charmante. Sa peau brune attestait le sang sarrazin qui coulait dans ses veines. Croniamantal lui demanda à boire et à manger. Avec beaucoup de bonne grâce, cette belle fille le fit entrer dans la métairie et lui servit un agreste repas. Du laitage, des œufs, du pain noir eurent bientôt contenté sa soif et sa faim. Pendant ce temps, il questionnait sa jeune hôtesse, dans l'espoir de trouver une occasion pour lui dire des galanteries. Il apprit ainsi qu'elle s'appelait Mariette et que ses parents s'étaient rendus à la ville voisine pour vendre des légumes ; son frère travaillait sur la route. Cette famille vivait heureuse des produits du verger et de l'étable.

A ce moment, les parents, de beaux paysans, arrivèrent, et voilà Croniamantal, déjà amoureux de Mariette, tout désappointé. Il profita de leur retour pour demander à la mère de fixer son écot ; puis il sortit après avoir adressé à Mariette un long regard qu'elle ne lui rendit point, mais il eut le plaisir de voir qu'elle rougissait en se détournant.

56

Il remonta sur son cheval et reprit la route de sa demeure. Étant pour la première fois triste d'amour, il trouva une mélancolie extrême aux paysages parcourus auparavant. Le soleil était descendu sur l'horizon. Les feuilles grises des oliviers lui paraissaient d'une tristesse pareille à la sienne. Des ombres s'étendaient comme une onde. La rivière où il avait vu les baigneuses était abandonnée. Le bruit des petits flots lui fut insupportable comme une moquerie. Il lança son cheval au galop. Alors ce fut le crépuscule, des lumières s'allumaient au loin. Puis, la nuit étant venue, il ralentit son cheval et s'abandonna à une rêverie déréglée. La route en pente était bordée de cyprès, et c'est ainsi qu'assombri par la nuit et par l'amour, Croniamantal suivait le chemin mélancolique.

*
* *

Son maître remarqua sans peine, les jours suivants, qu'il n'apportait plus aucune attention à des études auxquelles il s'appliquait auparavant. Il devina que ce dégoût venait de l'amour.

Ce qui se mêlait de mépris à son respect avait pour cause que Mariette n'était qu'une simple paysanne.

On était arrivé à la fin de septembre et l'ayant amené avec lui le lendemain sous les oliviers pleins de fruits, M. Janssen blâma la passion de son disciple qui, tout rouge, écoutait ces reproches. Les premiers vents d'automne se plaignaient et Croniamantal, très triste et très honteux, perdit à jamais l'envie de revoir sa jolie Mariette pour ne garder d'elle que le souvenir.

*
* *

C'est ainsi que Croniamantal atteignit sa majorité.

Une maladie de cœur qu'on lui découvrit le fit réformer par l'autorité militaire. Bientôt après, son maître mourut subitement, lui laissant par testament le peu qu'il possédait. Et après avoir vendu la maison appelée le Château, Croniamantal vint à Paris pour s'y livrer paisiblement à son goût pour la littérature, car depuis quelque temps déjà, et en cachette, il composait des poèmes qu'il accumulait dans une vieille boite à cigares.

X
Poésie

Dans les premiers jours de l'année 1911, un jeune homme mal habillé montait la rue Houdon en courant. Son visage extrêmement mobile paraissait tour à tour plein de joie ou d'inquiétude. Ses yeux dévoraient tout ce qu'ils regardaient et quand ses paupières se rapprochaient rapidement comme des mâchoires, elles engloutissaient l'univers qui se renouvelait sans cesse par l'opération de celui qui courait en imaginant les moindres détails des mondes énormes dont il se repaissait. Les clameurs et les tonnerres de Paris éclataient au loin et autour du jeune homme qui s'arrêta tout essoufflé, tel un cambrioleur trop longtemps poursuivi et prêt à se rendre. Ces clameurs, ce bruit, indiquaient bien que des ennemis étaient sur le point de le traquer, comme un voleur. Sa bouche et son regard exprimèrent la ruse et marchant maintenant avec lenteur, il se réfugia dans sa mémoire, et allait de l'avant, tandis que toutes les forces de sa destinée et de sa conscience écartaient le temps pour qu'apparût la vérité de ce qui est, de ce qui fut et de ce qui sera.

Le jeune homme entra dans une maison sans étage. Sur la porte ouverte, une pancarte portait :

Entrée des Ateliers

Il suivit un couloir où il faisait si sombre et si froid qu'il eut l'impression de mourir et de toute sa volonté, serrant les dents et les poings, il mit l'éternité en miettes. Puis soudain il eut de nouveau la notion du temps dont les secondes martelées par une horloge qu'il entendit alors tombaient comme des morceaux de verre et la vie le reprit tandis que de nouveau le temps passait. Mais au moment où il se disposait à toquer contre une porte, son cœur battit plus fort, crainte de ne trouver personne.

Il toquait à la porte et criait :

« C'est moi, Croniamantal. »

Et derrière la porte les pas lourds d'un homme fatigué, ou qui porte un faix très pesant, vinrent avec lenteur et quand la porte s'ouvrit ce fut dans la brusque lumière la création de deux êtres et leur mariage immédiat.

Dans l'atelier, semblable à une étable, un innombrable troupeau gisait éparpillé, c'étaient les tableaux endormis et le pâtre qui les gardait souriait à son ami.

Sur une étagère, des livres jaunes empilés simulaient des mottes de beurre. Et repoussant la porte mal jointe, le vent amenait là des êtres inconnus qui se plaignaient à tout petits cris, au nom de toutes les douleurs. Toutes les louves de la détresse hurlaient alors derrière la porte, prêtes à dévorer le troupeau, le pâtre et son ami, pour préparer à la même place la fondation de la Ville nouvelle. Mais dans l'atelier il y avait des joies de toutes les couleurs. Une grande fenêtre tenait tout le côté du nord et l'on ne voyait que le bleu du ciel pareil à un chant de femme. Croniamantal ôta son pardessus qui tomba par terre comme le cadavre d'un noyé et s'asseyant sur un divan, il regarda longtemps sans rien dire la nouvelle toile posée sur le chevalet. Vêtu de toile bleue et les pieds nus, le peintre regardait aussi le tableau où dans la brume glaciale deux femmes se souvenaient.

Il y avait encore dans l'atelier une chose fatale, ce grand morceau de miroir brisé, retenu au mur par des clous à crochet. C'était une insondable mer morte, verticale et au fond de laquelle une fausse vie animait ce qui n'existe pas. Ainsi, en face de l'Art, il y a son apparence, dont les hommes ne se défient point et qui les abaisse lorsque l'Art les avait élevés. Croniamantal se courba en restant assis et appuyant les avant-bras sur les genoux, il détourna les yeux de la peinture pour les porter sur une pancarte jetée à terre et sur laquelle était tracé au pinceau l'avertissement suivant :

JE SUIS CHEZ LE BISTROT

L'oiseau du Bénin

Il lut et relut cette phrase tandis que l'oiseau du Bénin regardait son tableau en remuant la tête, en se reculant, en se rapprochant. Ensuite il se tourna vers Croniamantal et lui dit :

—J'ai vu ta femme hier soir.

—Qui est-ce? demanda Croniamantal.

—Je ne sais pas, je l'ai vue mais je ne la connais pas, c'est une vraie jeune fille, comme tu les aimes. Elle a le visage sombre et enfantin de celles qui sont destinées à faire souffrir. Et parmi sa grâce aux mains qui se redressent pour repousser, elle manque de cette noblesse que les poètes ne pourraient pas aimer car elle les empêcherait de pâtir. J'ai vu ta femme, te dis-je. Elle est la laideur et la beauté; elle est comme tout ce que nous aimons aujourd'hui. Et elle doit avoir la saveur de la feuille du laurier.

Mais Croniamantal qui ne l'écoutait point, l'interrompit pour dire:

«J'ai fait hier mon dernier poème en vers réguliers:

et mon dernier poème en vers irréguliers.

(Prends garde que dans la deuxième strophe le mot fille est pris en mauvaise part :)

PROSPECTUS POUR UN NOUVEAU MÉDICAMENT

restèrent vides

1

lœ

r

:

; la saumure

oraces

e bandelettes

ustres

toiles

;e

ɔrvège

t d'un sapin

ngouffrés dans la fiole

nnent leur parole

Croniamantal se tut un instant puis il ajouta :

—Je n'écrirai plus qu'une poésie libre de toute entrave serait-ce celle du langage :

Écoute, mon vieux !

MAHÉVIDANOMI RENANOCALIPNODITOC

EXTARTINAP + v. s.

A. Z.

Tel. : 33-122 Pan : Pan

OeaoiiiioKTin

iiiiiiiiiii

—Ton dernier vers, mon pauvre Croniamantal, dit l'oiseau du Bénin, est un simple plagiat de Fr.nc.s J.mm.s.

—Ce n'est pas vrai, dit Croniamantal. Mais je ne composerai plus de poésie pure. Voilà où j'en suis par ta faute. Je veux faire du théâtre.

—Tu ferais mieux d'aller voir la jeune fille dont je t'ai parlé. Elle te connaît et semble folle de toi. Tu la trouveras au bois de Meudon jeudi prochain à l'endroit que je te dirai. Tu la reconnaîtras à la corde à jouer qu'elle tiendra à la main, elle se nomme Tristouse Ballerinette.

—Bien, dit Croniamantal, j'irai voir Ballerinette et coucherai avec elle, mais avant tout je veux aller chez les Théâtres pour y porter ma pièce *Iéximal Jélimite* que j'ai écrite dans ton atelier l'an dernier en mangeant des citrons.

—Fais ce que tu veux, mon ami, dit l'oiseau du Bénin, mais n'oublie pas Tristouse Ballerinette, ta femme à venir.

—Bien parlé, dit Croniamantal, mais je veux rugir une fois encore le sujet d'*Iéximal Jélimite*. Écoute :

Un homme achète un journal au bord de la mer. D'une maison située côté jardin sort un soldat dont les mains sont des ampoules électriques. D'un arbre descend un géant ayant trois mètres de haut. Il secoue la marchande de journaux qui est de plâtre et qui en tombant se brise. A ce moment survient un juge. A coups de rasoir il tue tout le monde, tandis qu'une jambe qui passe en sautillant assomme le juge d'un coup de pied sous le nez, et chante une jolie chansonnette.

—Quelle merveille ! dit l'oiseau du Bénin, je brosserai les décors, tu me l'as promis.

— Cela va sans dire, répondit Croniamantal.

XI

Dramaturgie

Le lendemain Croniamantal alla chez les Théâtres, ils étaient réunis chez M. Pingu, le financier. Croniamantal parvint à se faire introduire en graissant la patte au padalobre et au pompier de service. Il entra sans timidité dans la salle où les Théâtres, leurs acolytes, leurs sicaires et leurs suppôts s'étaient réunis.

CRONIAMANTAL

Messieurs les Théâtres, je suis venu pour vous lire ma pièce *Iéximal Jélimite.*

LES THÉATRES

De grâce, attendez un peu, monsieur, que l'on vous ait mis au courant de nos usages. Vous voici parmi nous, parmi nos acteurs, nos auteurs, nos critiques et nos spectateurs. Écoutez attentivement et ne parlez presque pas.

CRONIAMANTAL

Messieurs, je vous remercie de l'accueil cordial que vous me faites et je profiterai, j'en suis certain, de tout ce que j'entendrai.

L'ACTEUR

·ent les roses

tempsychoses

étamorphoses

UN VIEUX RÉGISSEUR

Vous en souvenez-vous, madame! Un soir de neige en 1832, un inconnu égaré frappa à la porte d'une villa située sur la route qui mène de Chanteboun à Sorrente...

LE CRITIQUE

Aujourd'hui, pour qu'une pièce réussisse, il est important qu'elle ne soit pas signée par son auteur.

LE MENEUR A SON OURS

etits pois

.e à téter...

masourke maintenant...

CHŒUR DES BUVEURS

reille

ermeille

ıvons

ıuvons

CHŒUR DES MANGEURS

ulus

us

e

iette

BUVEURS

ermeilles

ıvons

treilles

R.D..RD K.PL.NG, L'ACTEUR, L'ACTRICE, LES AUTEURS

Aux spectateurs

Paye! Paye! Paye! Paye! Paye! Paye! Paye!

LE PRÉDICATEUR

Le Théâtre, mes chers frères, est une école de scandale, c'est un lieu de perdition pour les âmes et pour les corps. Au témoignage des machinistes tout est truqué dans un théâtre. Des sorcières plus vieilles que Morgane y arrivent à se faire passer pour des fillettes de quinze ans.

Que de sang versé dans un mélodrame! Je le dis en vérité, bien qu'il soit postiche, ce sang retombera par tiers sur la tête des enfants des auteurs, des acteurs, des directeurs, des spectateurs, jusqu'à la septième génération. *Ne mater suam*, disaient autrefois les jeunes filles à leurs mères. Aujourd'hui elles demandent: «Irons-nous au théâtre ce soir?»

73

Je vous le dis en vérité, mes frères. Peu de spectacles ne mettent pas les âmes en danger. Outre le spectacle de la nature, je ne sache que la baraque du pétomane où l'on puisse aller sans crainte. Ce dernier spectacle, mes chers frères, est gaulois et sain. Le bruit dilate la rate, il chasse Satan des lombes où il gîte et c'est ainsi que les Pères du désert arrivaient à s'exorciser en eux-mêmes.

UNE MÈRE D'ACTRICE

Tu p..., Charlotte ?

L'ACTRICE

Non, maman, je rote.

M. MAURICE BOISSARD

Les voilà bien aujourd'hui les entrailles d'une mère !

UN AUTEUR QUI A UNE PIÈCE REÇUE A LA COMÉDIE-FRANÇAISE

Mon ami, vous n'avez pas l'air très dégourdi. Je vais vous enseigner le sens de quelques mots du vocabulaire théâtral. Écoutez-les attentivement et retenez-les si vous pouvez.

Achéron (ch dur ou chuintant *ad libitum*). — Fleuve des Enfers et non de l'enfer.

Artistes (deux genres). — Ne s'emploie qu'en parlant d'un comédien ou d'une comédienne.

Frère. — Éviter de joindre à ce substantif le qualificatif «petit». L'adjectif «jeune» convient mieux.

Nota Bene. — Cette remarque ne s'applique pas à l'opérette.

High-life. — Cette expression bien française se traduit en anglais par *fashionable people.*

Liaisons. — Elles sont toujours dangereuses au théâtre.

Papa. — Deux négations valent une affirmation.

Pommes cuites (ne s'emploie pas au singulier). — Crudité préjudiciable à l'estomac.

Zut. — Ce mot déjà vieilli remplaçait avantageusement, il y a vingt ans, le mot de Cambronne.

Voulez-vous aussi quelques titres? Ils sont importants quand on veut réussir. En voici d'infaillibles :

LE CONTOUR ; *Le Pourtour ;* LA TOUR ; *Autour avec Alentour ;* LES VAUTOURS ; *Louison, ta chemise n'est pas propre ;* HATE-TOI LENTEMENT ; *Le Bar tentaculaire ;* CINTIÈME A GAUCHE ; *La Magicienne ;* LA GUELFE ; *J'te vas tuer ;* MON PRINCE ; *L'Artichaut ;* L'ÉCOLE DES NOTAIRES ; *La Torchère.*

Au revoir, monsieur, ne me remerciez pas.

UN GRAND CRITIQUE

Messieurs, je viens vous soumettre le compte rendu du triomphe d'hier soir. Y êtes-vous ? Je commence :

LA POIGNE ET LE POIGNON

Pièce en trois actes, par MM. Julien Tandis, Jean de la Fente, Prosper Mordus et Mmes Nathalie de l'Angoumois, Jane Fontaine et la comtesse M. des Étangs. Décors de MM. Alfred Mone, Léon Minie, Al. de Lemère. Costumes de chez Jeannette, chapeaux de chez Wilhelmine, mobilier de la maison Mac Tead, phonographes de la maison Hernstein, serviettes hygiéniques de la maison Van Feuler et Cie.

On se souvient du captif qui osa p... devant Sésostris. Je ne connaissais pas de situation plus poignante avant d'avoir vu la pièce de MM. etc. et Mmes etc. Je veux parler de la scène qui fit tant d'effet à la première représentation et dans laquelle le financier Prominoff rouspète devant le juge d'instruction.

La pièce, qui est bonne, n'a pas, d'ailleurs, donné tout ce qu'on attendait. L'épouse courtisane qui fait ses choux gras de la verte vieillesse d'un bouilleur de cru, reste pourtant une figure inoubliable qui laisse loin derrière elle Cléopatre et Mme de Pompadour. M. Layol est un bon comique, il s'est affirmé père de famille dans toute l'acception de l'expression. Mlle Jeannine Letrou, une jeune étoile de demain, a de bien jolies jambes. Mais la révélation fut Mme Perdreau dont nous savions le cœur sensible. Elle a mimé avec le naturel le plus émouvant la scène de la réconciliation. Une belle soirée en somme et un dîner de centième en perspective.

LES THÉATRES

Jeune homme, nous allons vous dire quelques sujets de pièces. S'ils étaient signés de noms connus, nous les jouerions, mais ce sont là des chefs-d'œuvre d'inconnus qui nous ont été confiés et dont, sur votre bonne mine, nous vous faisons largesse.

PIÈCE A THÈSE. — Le prince de San Meco trouve un pou sur la tête de sa femme, il lui fait une scène. La princesse n'a couché depuis six mois qu'avec le vicomte de Dendelope. Les époux font une scène au vicomte qui, n'ayant couché qu'avec la princesse et Mme Lafoulue, femme d'un secrétaire d'État, fait tomber le ministère et accable Mme Lafoulue de son mépris.

Mme Lafoulue fait une scène à son mari. Tout s'explique lorsque arrive M. Bibier, député. Il se gratte la tête. On le dépouille. Il accuse ses électeurs d'être des pouilleux. Finalement tout rentre dans l'ordre. Titre : *Le Parlementarisme.*

Comédie de caractère. — Isabelle Lefaucheux promet à son mari de lui être fidèle. Elle se souvient alors d'avoir promis la même chose à Jules, garçon de la boutique. Elle souffre de ne pouvoir accorder sa foi et son amour.

Cependant, Lefaucheux met Jules à la porte. Cet événement détermine le triomphe de l'amour et nous retrouvons Isabelle caissière dans un grand magasin où Jules est commis. Titre : *Isabelle Lefaucheux.*

Pièce historique. — Le fameux romancier Stendhal est l'âme d'un complot bonapartiste qui se termine par la mort héroïque d'une jeune cantatrice pendant une représentation de *Don Juan* à la Scala de Milan. Comme Stendhal s'est dissimulé sous un pseudonyme, il s'en tire admirablement. Grands défilés, personnages historiques.

OPÉRA. — L'âne de Buridan hésite à satisfaire sa soif et sa faim. L'ânesse de Balaam prophétise que l'âne mourra. L'âne d'or vient, mange et boit. Peau-d'Ane montre sa nudité à ce troupeau asinin. En passant par là, l'âne de Sancho pensa qu'il prouverait sa robustesse en enlevant l'infante, mais le traître Mélo avertit le génie de la Fontaine. Il proclame sa jalousie et bâte l'âne d'or. Métamorphoses. Le Prince et l'Infante font leur entrée à cheval. Le roi abdique en leur faveur.

PIÈCE PATRIOTIQUE. — Le gouvernement suédois intente à la France un procès en contrefaçon des allumettes suédoises. Au dernier acte, on exhume les restes d'un alchimiste du XIVe siècle qui inventa ces allumettes à La Ferté-Gaucher.

COMÉDIE-VAUDEVILLE. —

lon

ine :

n salon,

uisine.

Voilà de quoi alimenter toute une vie de dramaturge, monsieur.

M. LACOUFF, ÉRUDIT

Jeune homme, il importe aussi de connaître des anecdotes théâtrales, elles alimentent agréablement la conversation d'un jeune auteur dramatique ; en voici quelques-unes :

Le grand Frédéric avait l'habitude de faire fouetter les actrices. Il pensait que la flagellation communique à leur peau une teinte rose qui n'est pas sans agrément.

A la cour du grand Turc, on représente le *Bourgeois gentilhomme*, mais accommodé au goût de l'endroit et le mamamouchi y devient un chevalier de l'ordre de la Jarretière.

Cécile Vestris, un jour qu'elle se rendait à Mayence, vit sa voiture arrêtée par le fameux brigand rhénan Schinderhannes. Elle fit contre mauvaise fortune bon cœur et dansa pour Schinderhannes dans une salle d'auberge.

Ibsen couchait une fois avec une jeune Espagnole qui s'écriait au bon moment :

«Tiens!... tiens!... Auteur dramatique!»

Un acteur érudit m'a affirmé qu'il ne goûtait qu'une seule statue: *le scribe accroupi*, sculpté par un Égyptien, bien avant Jésus-Christ et qui se trouve au Louvre... Mais on commence à parler un peu moins de M. Scribe. Et cependant il règne encore sur le théâtre.

LES THÉATRES

N'oubliez pas la scène à faire, ni le mot de la fin, ni que plus on a de fours plus on brille, ni qu'un nombre cité doit se terminer par un 7 ou un 3 pour être vraisemblable, ni de ne pas prêter d'argent à qui dit: «J'ai cinq actes à l'Odéon», ou «J'ai trois actes à la Comédie-Française», ni de dire négligemment: «Si vous voulez des billets de faveur. J'en ai tellement que je suis obigé d'en donner à ma concierge», cela n'engage à rien.

Un jeune homme ne manqua point à ce moment de venir chanter avec des gestes équivoques des chansons singulières sur des airs lascifs, bébêtes et entraînants.

M. PINGU

Quel jus, monsieur, quel jus!

81

M. LACOUFF

Du jus de chapeau?

M. PINGU

Nenni! je me trompe, quel fluide!

Il se trémousse comme la panse d'un archevêque.

M. LACOUFF

Employez le mot propre, il ne s'agit pas de la panse.

M. PINGU

Quel jeu, monsieur, quel jeu! il attendrirait un crocodile et a de quoi plaire à un érudit aussi bien qu'à un financier.

CRONIAMANTAL

Au revoir, messieurs, je suis votre serviteur. Et si vous le permettez, je reviendrai dans quelques jours. J'ai idée que ma pièce n'est pas encore au point.

XII

Amour

Ce matin de printemps, Croniamantal, suivant les instructions de l'oiseau du Bénin, arriva dans le bois de Meudon et s'étendit à l'ombre d'un arbre aux branches très basses.

CRONIAMANTAL

Dieu! je suis las, non de marcher, mais d'être seul. J'ai soif non de vin, d'hydromel ou de cervoise, mais d'eau, d'eau fraîche dans ce joli bois où l'herbe et les arbres ont la rosée à chaque aube, mais où nulle source n'arrête le voyageur altéré. La promenade m'a creusé, j'ai faim non de chair, ni de fruits, mais de pain, de bon pain pétri et gonflé comme les mamelles, le pain rond comme la lune et doré comme elle.

Il se leva alors. Puis il s'enfonça dans le bois et arriva dans la clairière, où il devait rencontrer Tristouse Ballerinette. La donzelle n'était pas encore arrivée et Croniamantal ayant souhaité une source, sa volonté ou plutôt un talent de sourcier qu'il ne se connaissait point, fit jaillir une eau limpide qui s'écoula parmi les herbes.

Croniamantal se jeta à genoux et but avidement tandis qu'une voix de femme chantait au loin :

daine

lée du roi

ntaine

daine

s qui verdoient

ine

dra-t-il pas

nitaine

ine

rancez pas

CRONIAMANTAL

84

Penses-tu déjà à celle qui chante? Tu ris médiocrement de cette clairière. Crois-tu qu'elle ait été arrondie comme une table ronde pour l'égalité des hommes et des semaines? Non! Croniamantal. Tu le sais, les jours ne se ressemblent pas.

Autour de la table ronde, les braves ne sont pas égaux, l'un a le soleil en face qui l'éblouit et qui le quitte bientôt pour éblouir son voisin, un autre a son ombre devant soi. Tous sont braves et brave tu l'es toi-même, ils ne sont pas plus égaux que le jour et la nuit.

LA VOIX

taine

las

Bonjour Germaine

mitaine

utre fois

CRONIAMANTAL

Les voix de femmes sont toujours ironiques. Est-ce que le temps est toujours aussi beau? Quelqu'un est déjà damné à ma place. Il fait beau dans le bois profond. N'écoute pas la voix de femme. Demande! Demande!

LA VOIX

: Germaine

: tes bras

che est pleine

ıt Germaine

ssi je crois

CRONIAMANTAL

Celle qui chante pour m'attirer sera ignorante comme moi-même et dansante avec des lassitudes.

LA VOIX

ɘst pleine

ne elle vêla

didondaine

ᴣst pleine

le sans toi

Croniamantal se dressa sur la pointe des pieds pour voir s'il
n'apercevrait pas entre les branches la tant désirée qui venait.

LA VOIX

.daine

bien froid

. Croquemitaine

.daine

i moins froid.

Dans la clairière parut une jeune fille, svelte et brune. Son visage était sombre et s'étoilait d'yeux remueurs comme des oiseaux au plumage brillant. Les cheveux épars, mais courts, lui laissaient le cou nu, ils étaient touffus et noirs comme une forêt nocturne et à la corde à jouer qu'elle tenait, Croniamantal reconnut Tristouse Ballerinette.

CRONIAMANTAL

Pas plus loin, fillette aux bras nus! J'irai moi-même vers vous. Quelqu'un se tait sous l'aubépine et pourrait nous entendre.

TRISTOUSE

Celui qui est issu de l'œuf comme un Tyndaride. Je me souviens, ma mère, qui est simple, m'en parle quelquefois par les longues soirées. Le chercheur d'œufs de serpentes, fils de serpent lui-même. J'ai peur de ces vieux souvenirs.

CRONIAMANTAL

N'aie aucune crainte, fillette aux bras nus.

Reste avec moi. J'ai des baisers plein les lèvres. Les voici, les voici. J'en dépose sur ton front, sur tes cheveux. Je mords tes cheveux au parfum antique. Je mords tes cheveux qui se lovent comme les vers sur le corps de la mort. O mort, ô mort poilue de vers. J'ai des baisers sur les lèvres. Les voici, les voici, sur tes mains, sur ton cou, sur tes yeux, sur tes yeux, sur tes yeux. J'ai des baisers plein les lèvres, les voici, les voici, brûlants comme la fièvre, appuyés pour t'ensorceler, des baisers, des baisers affolés, sur l'oreille, sur la tempe, sur la joue. Sens mes étreintes, plie sous l'effort de mon bras, sois lasse, sois lasse, sois lasse. J'ai des baisers sur les lèvres, les voici, les voici, affolés, sur ton cou, sur tes cheveux, sur ton front, sur tes yeux, sur ta bouche. Je voudrais tant t'aimer, ce jour de printemps où il n'y a plus de fleurs aux feuillards qui se préparent à fructifier.

TRISTOUSE

Laissez-moi, allez-vous-en, ceux qui s'entr'aiment sont heureux, mais je ne vous aime pas. Vous m'effrayez. Pourtant ne désespère pas, ô poète. Écoute, c'est mon meilleur proverbe : Va-t'en !

CRONIAMANTAL

Hélas ! hélas ! Encore partir, aller jusqu'à l'arrêt océanique à travers les bruyères, les sapinières, dans les tourbes, les boues, les poussières, à travers les forêts, les prairies, les vergers, les jardins bienheureux.

TRISTOUSE

Va-t'en. Va-t'en, loin de l'odeur antique de mes cheveux, ô toi qui m'appartiens.

Et Croniamantal s'en alla sans détourner la tête ; on l'aperçut encore longtemps entre les branches, puis, lorsqu'il eut disparu, on entendit longtemps encore sa voix qui allait s'affaiblissant.

CRONIAMANTAL

Voyageur sans bâton, pèlerin sans bourdon et poète sans écritoire, je suis moins puissant que tout autre homme, je n'ai plus rien et je ne sais rien...

Et sa voix n'arriva plus jusqu'à Tristouse Ballerinette, qui se mirait dans la source.

Dans d'autres temps, des moines défrichaient la forêt de Malverne.

MOINES

Le soleil décline lentement, et en te bénissant, Seigneur, nous allons dormir au monastère, afin que l'aube nous retrouve dans la forêt.

LA FORÊT DE MALVERNE

Chaque jour, chaque jour, des envols éperdus d'oiseaux angoissés voient leurs nids s'écraser et leurs œufs se briser quand les arbres s'abattent en secouant leurs branches.

LES OISEAUX

C'est l'instant joyeux du crépuscule où viennent baller sur l'herbe filles et garçons. Et tous ont des baisers qui veulent tomber comme des fruits trop mûrs ou comme l'œuf quand il va être pondu. Les voyez-vous, les voyez-vous danser, muser, hanter, chanter de la brune à l'aube, sa sœur blanche.

UN MOINE ROUX *au milieu du Cortège.*

J'ai peur de vivre et je voudrais mourir. Déchirements de la terre ! Travail, ô temps perdu...

LES OISEAUX

ӏ œufs brisés.

ӏ cuit sur un feu follet.

ici !

à droite.

ӏ gauche.

91

nt toi.

hêne abattu.

t là.

CRONIAMANTAL, *en d'autres temps et près de la forêt de*
Malverne, peu avant le passage des Moines.

Les vents s'écartent devant moi, les forêts s'abattent pour devenir
une voie large, avec des charognes de-ci de-là. Les voyageurs
rencontrent trop de charognes depuis quelque temps, des charognes
bavardes.

LE MOINE ROUX

Je ne veux plus travailler, je veux rêver et prier.

Il se coucha, la face tournée vers le ciel, dans le chemin bordé de
saules couleur de brume.

La nuit était venue avec le clair de lune. Croniamantal vit les moines
penchés sur le corps nonchalant de leur frère. Il entendit alors un petit

gémissement, un faible cri qui mourut en un dernier soupir. Et lentement ils passèrent à la queue leu leu devant Croniamantal, caché derrière un bouquet de saules.

LA FORÊT GLORIDE

J'aimerais égarer cet homme parmi les spectres qui flottent entre les bouleaux. Mais il fuit vers le temps qui vient et où le voilà revenu.

Un fracas de portes lointaines se changea en un bruit de train en marche. Une voie large, herbue, barrée de troncs, bordée d'énormes pierres fittes. La Vie se suicide. Un sentier que des gens parcourent. Ils ne se sont jamais lassés. Des souterrains où l'air est empuanti. Des cadavres. Des voix appellent Croniamantal. Il court, il court, il descend.

*
* *

Dans le joli bois, Tristouse se promenait en méditant.

TRISTOUSE

Mon cœur est triste sans toi, Croniamantal. Je t'aimais sans le savoir. Tout est vert. Tout est vert au-dessus de ma tête et sous mes pieds. J'ai perdu celui que j'aimais. Il me faudra chercher de-ci delà, ici et là-bas. Et parmi tous et tous il se trouvera bien quelqu'un qui me plaira.

Revenu des autres temps, Croniamantal s'écria avant d'apercevoir Tristouse et en revoyant la source :

CRONIAMANTAL

Divinité ! quelle es-tu ? Où est ta forme éternelle ?

TRISTOUSE

Le voilà plus beau qu'auparavant et que tous... Écoute, ô poète, je t'appartiens désormais.

Sans regarder Tristouse, Croniamantal se pencha vers la source.

CRONIAMANTAL

J'aime les sources, elles sont un beau symbole d'immortalité quand elles ne tarissent point. Celle-ci n'a jamais tari. Et je cherche une divinité, mais je veux qu'elle me paraisse éternelle. Et ma source n'a jamais tari.

Il se mit à genoux et pria devant la source, tandis que Tristouse, éplorée, se lamentait.

TRISTOUSE

O poète, adores-tu la source? O mon Dieu, rendez-moi mon amant! Viens! je sais de si belles chansons.

CRONIAMANTAL

La source a son murmure.

TRISTOUSE

Eh bien! couche avec ton amante froide, qu'elle te noie! Mais si tu vis, tu m'appartiens et tu m'obéiras.

Elle s'en alla, et à travers la forêt aux oiseaux gazouilleurs, la source coulait et murmurait, tandis que s'élevait la voix de Croniamantal qui pleurait et dont les larmes se mêlaient à l'onde adorée.

CRONIAMANTAL

O source! Toi qui jaillis comme un sang intarissable. Toi qui es froide comme le marbre, mais vivante, transparente et fluide. Toi, toujours nouvelle et toujours pareille. Toi qui vivifies tes rives qui verdoient, je t'adore. Tu es ma divinité non-pareille. Tu me désaltéreras. Tu me purifieras. Tu me murmureras ton éternelle chanson et tu m'endormiras le soir.

LA SOURCE

Au fond de mon petit lit plein d'un orient de gemmes, je t'entends avec agrément, ô poète! que j'ai enchanté. Je me souviens d'un Avallon où nous aurions pu vivre, toi comme le roi Pêcheur et moi t'attendant sous les pommiers. O îles aux pommiers! Mais je suis heureuse dans mon petit lit précieux. Ces améthystes sont douces à mon regard. Ce lapis-lazuli est plus bleu qu'un beau ciel. Cette malachite me figure une prairie. Sardoine, onyx, agate, cristal de roche, vous scintillerez ce soir. Car je veux donner une fête en l'honneur de mon amant. J'y viendrai seule, comme il convient à une vierge. De mon amant le poète la puissance s'est déjà manifestée et ses présents sont doux à mon cœur. Il m'a donné ses yeux tout en larmes, deux sources adorables et tributaires de mon ruisseau.

O source fécondante, tes eaux semblent ta chevelure. Les fleurs naissent autour de toi et nous nous aimerons toujours.

On n'entendait que le chant des oiseaux et le bruissement des feuilles, et parfois les clapotements d'un oiseau jouant dans l'eau.

Un fopoîte parut dans le petit bois : c'était Paponat l'Algérien. Il s'approcha de la source en dansant.

CRONIAMANTAL

Je te connais. Tu es Paponat, qui étudias en Orient.

PAPONAT

Lui-même. O poète d'Occident, je viens te visiter. J'ai appris ta conversion, mais j'entends qu'il y a encore moyen de converser avec toi. Quelle humidité ! Rien d'étonnant si ta voix est rauque, et tu aurais besoin d'une calcophane pour la clarifier. Je me suis approché de toi en dansant. N'y aurait-il pas moyen de te tirer de la situation où tu t'es mis ?

CRONIAMANTAL

Pouah! Mais dis-moi qui t'a appris à danser.

PAPONAT

Les anges eux-mêmes furent mes maîtres de danse.

CRONIAMANTAL

Les bons anges ou les mauvais? Mais n'importe, n'insiste pas. J'en ai assez de toutes les danses, sauf d'une que je voudrais pouvoir danser encore, celle que les Grecs appelaient kordax.

PAPONAT

Tu es gai, Croniamantal, nous allons donc pouvoir nous amuser. Je suis heureux d'être venu ici. J'aime la gaîté. Je suis heureux!

Et Paponat, aux yeux brillants, profonds et tournoyants, se frotta les mains en riant.

CRONIAMANTAL

Tu me ressembles !

PAPONAT

Pas beaucoup. Je suis heureux de vivre, et toi tu te meurs auprès de la source.

CRONIAMANTAL

Mais le bonheur que tu proclames, l'oublies-tu ? et oublies-tu le mien ? Tu me ressembles ! L'homme heureux se frotte les mains, tu l'as fait. Sens-les. Quelle odeur ont-elles ?

PAPONAT

Une odeur de mort.

CRONIAMANTAL

Ha ! ha ! ha ! L'homme heureux a la même odeur que le mort. Frotte tes mains. Quelle différence de l'homme heureux au cadavre ! Je suis heureux aussi, quoique je ne veuille pas frotter mes mains. Sois heureux, frotte tes mains ! Sois heureux ! plus encore. La connais-tu maintenant, l'odeur du bonheur?

Adieu; si tu ne fais plus cas des vivants, il n'y a plus moyen de parler avec toi.

Et tandis que Paponat s'éloignait dans la nuit où brillent les innombrables yeux des bêtes célestes à la chair impalpable, Croniamantal se leva tout à coup en pensant:

«En voilà assez de la nature et des souvenirs qu'elle évoque. J'en sais assez maintenant sur la vie, retournons à Paris et tâchons d'y retrouver cette exquise Tristouse Ballerinette qui m'aime à la folie.»

XIII

Mode

Le fopoîte Paponat, qui revenait, la nuit, du bois de Meudon, où il avait été chercher aventure, arriva juste à temps pour prendre le dernier bateau. Il eut la bonne fortune d'y rencontrer Tristouse Ballerinette.

— Comment allez-vous, mademoiselle? lui dit-il. J'ai rencontré dans le bois de Meudon votre amant, M. Croniamantal, qui est en train de devenir fou.

— Mon amant? dit Tristouse. Il n'est pas mon amant.

— On le dit cependant depuis hier dans nos milieux littéraires et artistiques.

— On peut dire ce qu'on veut, dit fermement Tristouse. D'ailleurs je n'aurais point à rougir d'un tel amant. N'est-il pas beau et n'a-t-il pas un grand talent?

— Vous avez raison. Mais que vous avez donc un joli chapeau, une jolie robe! Je m'intéresse beaucoup à la mode.

— Vous êtes toujours très élégant, monsieur Paponat. Donnez-moi donc l'adresse de votre tailleur, je l'indiquerai à Croniamantal.

—Inutile, il ne s'en servirait point, dit en riant Paponat. Mais dites-moi donc : que portent les femmes cette année ? J'arrive d'Italie et je ne suis pas au courant. Renseignez-moi, je vous prie.

—Cette année, dit Tristouse, la mode est bizarre et familière, elle est simple et pleine de fantaisie. Toutes les matières des différents règnes de la nature peuvent maintenant entrer dans la composition d'un costume de femme. J'ai vu une robe charmante, faite de bouchons de liège. Elle valait certainement les charmantes toilettes de soirée en toile à laver qui font fureur aux premières. Un grand couturier médite de lancer les costumes tailleur en dos de vieux livres, reliés en veau. C'est charmant. Toutes les femmes de lettres voudront en porter, et l'on pourra s'approcher d'elles et leur parler à l'oreille sous prétexte de lire les titres. Les arêtes de poisson se portent beaucoup sur les chapeaux. On voit souvent de délicieuses jeunes filles habillées en pèlerines de Saint-Jacques de Compostelle ; leur costume, comme il sied, est constellé de coquilles Saint-Jacques. La porcelaine, le grès et la faïence ont brusquement apparu dans l'art vestimentaire. Ces matières se portent en ceintures, sur les épingles à chapeaux, etc. ; et il m'a été donné de voir un réticule adorable composé entièrement de ces œils de verre tels qu'on en voit chez les oculistes. Les plumes décorent maintenant non seulement les chapeaux, mais les souliers, les gants, et l'an prochain on en mettra sur les ombrelles. On fait des souliers en verre de Venise et des chapeaux en cristal de Baccarat. Je ne parle pas des robes peintes à l'huile, des lainages hauts en couleur, des robes bizarrement tachées d'encre. Pour le printemps, on portera beaucoup de vêtements en baudruche gonflée, formes agréables, légèreté et distinction. Nos aviatrices ne porteront pas autre chose. Pour les courses, il y aura le chapeau *ballon d'enfant,* composé d'une vingtaine de ballons, effet très luxueux et parfois détonations bien divertissantes. La coque de moule ne se porte que sur les bottines. Notez que l'on commence à se vêtir d'animaux vivants. J'ai rencontré une dame sur le chapeau de laquelle vingt oiseaux : serins, chardonnerets, rouges-gorges, retenus par un fil à la patte, chantaient à tue-tête en battant des ailes. La coiffure d'une ambassadrice était, lors de la dernière fête de Neuilly, composée d'une trentaine de couleuvres. « Pour qui sont ces serpents qui sifflent sur ta tête ? » disait avec l'accent dace à la dame un petit attaché roumain qui passe pour avoir du succès auprès des femmes. J'oubliais de vous dire que, mercredi dernier, j'ai vu sur les boulevards une rombière vêtue de petits miroirs appliqués et collés sur un tissu. Au soleil, l'effet était somptueux. On eût dit une mine d'or en promenade. Plus tard, il se mit à pleuvoir, et la dame ressembla à une mine d'argent. Les coquilles de noix font de jolies pampilles, surtout si on les entremêle de noisettes. La robe brodée de grains de café, de clous de girofles, de gousses d'ail, d'oignons et de grappes de raisins secs sera encore bien portée en visite. La mode devient pratique et ne méprise plus rien, elle ennoblit tout. Elle fait pour les matières ce que les romantiques firent pour les mots.

— Merci, dit Paponat, vous m'avez renseigné d'une façon charmante.

— Vous êtes trop aimable, répondit Tristouse.

XIV

Rencontres

Six mois passèrent. Depuis cinq mois, Tristouse Ballerinette était devenue la maîtresse de Croniamantal, qu'elle aima passionnément durant huit jours. En échange de cet amour, le lyrique garçon l'avait rendue glorieuse et immortelle à jamais en la célébrant dans des poèmes merveilleux.

« J'étais inconnue, pensait-elle, et voilà qu'il m'a faite illustre entre toutes les vivantes.

« On me tenait pour laide en général avec ma maigreur, ma bouche trop grande, mes vilaines dents, mon visage asymétrique, mon nez de travers. Me voilà belle à cette heure, et tous les hommes me le disent. On se moquait de ma démarche virile et saccadée, de mes coudes pointus qui remuaient dans la marche comme des pattes de poule. On me trouve maintenant si gracieuse que les autres femmes m'imitent.

« Quels miracles n'enfante pas l'amour d'un poète ! Mais qu'il pèse lourd l'amour des poètes ! Quelles tristesses l'accompagnent, quels silences à subir ! Tandis que maintenant le miracle est fait, je suis belle et glorieuse. Croniamantal est laid, en peu de temps il a mangé son avoir, il est pauvre et sans élégance, il est sans gaîté, le moindre de ses gestes lui vaut cent ennemis.

«Je ne l'aime plus, je ne l'aime plus.

«Je n'ai plus besoin de lui, mes adorateurs me suffisent. Je vais me séparer de lui lentement. Mais ces lenteurs vont m'ennuyer. Il faut que je m'en aille ou qu'il disparaisse, afin qu'il ne me gêne point, qu'il ne me reproche rien.»

Et, au bout de huit jours, Tristouse devint la maîtresse de Paponat, tout en continuant à aller voir Croniamantal, avec lequel elle était de plus en plus froide. Elle l'allait voir de moins en moins et il se désespérait de plus en plus, mais de plus en plus il s'attachait à Tristouse, n'ayant de gaîté que lorsqu'elle était là, et, les jours où elle ne venait pas, passant des heures devant la maison qu'elle habitait dans l'espoir de la voir sortir, et si par hasard elle paraissait, se sauvant comme un voleur de peur qu'elle ne l'accusât de l'épier.

*
* *

C'est en courant ainsi après Tristouse Ballerinette que Croniamantal continua son éducation littéraire.

Un jour qu'il cheminait à travers Paris, il se trouva soudain au bord de la Seine. Il passa un pont et marcha quelque temps encore quand tout à coup, apercevant devant lui M. François Coppée, Croniamantal regretta que ce passant fût mort. Mais rien ne s'oppose à ce qu'on parle avec un mort, et la rencontre était agréable.

« Allons, se dit Croniamantal, pour un passant c'est un passant, et l'auteur même du *Passant*. C'est un rimeur habile et spirituel, ayant le sentiment de la réalité. Parlons avec lui de la rime. »

Le poète du *Passant* fumait une cigarette noire. Il était vêtu de noir, son visage était noir ; il se tenait bizarrement sur une pierre de taille, et Croniamantal vit bien, à son air pensif, qu'il faisait des vers. Il l'aborda, et après l'avoir salué lui dit à brûle-pourpoint :

« Cher maître, comme vous voilà sombre. »

Il répondit courtoisement :

— C'est que ma statue est de bronze. Elle m'expose constamment à des méprises. Ainsi, l'autre jour,

·e Sam Mac Vea

lui s'affligea

Voyez comme ces vers sont adroits. Je suis en train de perfectionner la rime. Avez-vous remarqué comme le distique que je vous ai déclamé rime bien pour l'œil.

—En effet, dit Croniamantal, car on prononce *Sam Mac Vi*, comme on dit *Shekspire.*

—Voici quelque chose qui fera mieux votre affaire, continua la statue :

·e Sam Mac Vea

noms écrivit

Il y a là un raffinement qui doit vous séduire, c'est la rime riche pour l'oreille.

—Vous m'éclairez sur la rime, dit Croniamantal. Et je suis bien heureux, cher maître, de vous avoir rencontré en passant.

—C'est mon premier succès, répondit le poète métallique. Toutefois je viens de composer un petit poème portant le même titre : c'est un monsieur qui passe, *le Passant,* à travers un couloir de wagon de chemin de fer ; il distingue une charmante personne avec laquelle, au lieu d'aller simplement jusqu'à Bruxelles, il s'arrête à la frontière hollandaise.

urs à Rosendael

réel

différent

mour qu'ils connurent

Je vous signale ces deux derniers vers, bien que rimant richement, ils contiennent une dissonance qui fait contraster délicatement le son plein des rimes masculines avec la morbidesse des féminines.

—Cher maître, repris-je plus haut, parlez-moi du vers libre.

—Vive la liberté ! cria la statue de bronze.

Et après l'avoir saluée, Croniamantal s'en alla plus loin dans l'espoir de rencontrer Tristouse.

* *

Un autre jour, Croniamantal passait sur les boulevards, Tristouse n'était pas venue à un rendez-vous, et il espérait la rencontrer dans un thé à la mode où elle allait parfois avec des amis. Il tournait au coin de la rue Le Péletier, lorsqu'un monsieur, coiffé d'une cape gris perle, l'aborda en disant:

« Monsieur, je vais réformer les lettres. J'ai trouvé un sujet sublime : il s'agit des sensations éprouvées par un jeune bachelier bien élevé qui a laissé échapper un bruit inqualifiable dans une assemblée de dames et de jeunes personnes de qualité.»

Croniamantal, se récriant sur la nouveauté du sujet, comprit aussitôt combien il prêtait à mettre en valeur la sensibilité de l'auteur.

Croniamantal s'en fut... Une dame lui marcha sur les pieds. Elle était auteur et ne manqua point d'affirmer que cette rencontre ou collision lui fournirait un sujet de nouvelle délicate.

Croniamantal prit ses jambes à son cou et arriva auprès du pont des Saints-Pères ou trois personnes qui discutaient un sujet de roman le prièrent de juger leur cas; il s'agissait d'écrire l'histoire d'un officier.

—Beau sujet, s'écria Croniamantal.

—Attendez, dit le voisin, un homme barbu, je prétends que le sujet est encore trop neuf et trop rare pour le public actuel.

Et le troisième expliqua qu'il s'agissait d'un officier de restaurant, l'homme de l'office, celui qui essuie la vaisselle...

Mais Croniamantal ne leur répondit pas et s'en fut visiter une ancienne cuisinière qui faisait des vers, chez laquelle il espérait rencontrer Tristouse, à l'heure du thé. Tristouse n'était pas là, mais Croniamantal s'entretint avec la maîtresse de maison qui lui déclama quelques poèmes.

C'était une poésie pleine de profondeur où tous les mots avaient un sens nouveau. C'est ainsi qu'*archipel* n'était employé par elle que dans le sens de *papier buvard.*

*
* *

A peu de temps de là, le riche Paponat, fier de pouvoir se dire l'amant de la célèbre Tristouse, et qui était désireux de ne point la perdre car elle lui faisait honneur, décida d'emmener sa maîtresse en voyage à travers l'Europe centrale.

—C'est entendu, dit Tristouse, mais nous ne voyagerons pas comme des amants, car si vous m'êtes agréable, je ne vous aime point encore ou du moins je m'efforce de ne point vous aimer. Nous voyagerons donc en camarades et je m'habillerai en garçon, mes cheveux ne sont pas longs et l'on m'a souvent dit que j'avais l'air d'un beau jeune homme.

—C'est ça, dit Paponat, et comme vous avez besoin de repos et que de mon côté je suis assez fatigué, nous irons faire une retraite en Moravie dans un couvent de Brünn où mon oncle, le prieur du Crépontois, s'est retiré après l'expulsion des congrégations. C'est un des couvents les plus riches et les plus agréables du monde. Je vous présenterai comme un de mes amis et, n'ayez crainte, nous passerons pour amants tout de même.

—J'en serai contente, dit Tristouse, car j'adore passer pour ce que je ne suis pas. Nous partirons demain.

XV

Voyage

Croniamantal devint comme fou d'avoir perdu Tristouse. Mais il commença dès cette heure à devenir célèbre, et tandis que sa réputation de poète grandissait, se déclarait aussi sa vogue de dramaturge.

Les Théâtres jouaient ses pièces et la foule applaudissait son nom, mais en même temps les ennemis des poètes et de la poésie grandissaient en nombre et croissaient en haine audacieuse.

Lui, s'attristait de plus en plus, son âme se raréfiait en son corps sans forces.

Quand il connut le départ de Tristouse il ne protesta pas, mais demanda à la concierge si elle connaissait le but de ce voyage.

—Je l'ignore, dit cette femme; tout ce que je sais, c'est qu'elle est allée dans l'Europe centrale.

—C'est bien, dit Croniamantal.

Et revenu chez lui, il réunit les quelques milliers de francs dont il disposait et prit à la gare du Nord le train pour l'Allemagne.

*
* *

Et le lendemain, veille de la Noël, à l'heure de l'horaire, le train s'engouffra dans l'énorme gare de Cologne. Croniamantal, une petite valise à la main, descendit le dernier de son wagon de troisième. Sur le quai de la voie parallèle à celle qu'occupait son train, une casquette rouge de chef de gare, des casques à boules d'agents de police et des hauts de forme de notables, démontraient qu'on attendait par le train suivant un personnage d'importance. Et de fait, Croniamantal entendit d'un petit vieillard aux gestes secs dont la femme grasse et étonnée bayait à la casquette rouge, les casques à boule et les hauts de forme ;

« Krupp... Essen... Pas de commandes... Italie. »

Croniamantal suivit la foule des voyageurs amenés par son train. Il marchait derrière deux filles qui devaient être pédauques, tant leur démarche ressemblait à celle des oies. Elles cachaient leurs mains sous des pèlerines courtes ; la tête de la première s'ornait d'un chapeau minuscule et noir sur lequel étaient piqués des bouquets de roses bleues, tandis que des plumes noires, droites, à tige mince épluchée sauf à la pointe, tremblaient au-dessus comme de froid. Le chapeau de la seconde était de feutre lisse, presque brillant, un nœud énorme de

113

satinette violette l'ombrageait de ridicule. C'étaient probablement deux bonnes sans place, car elles furent happées au passage, pour ainsi dire, par un groupe de dames chamarrées et laides qui portaient des rubans de la Société catholique pour la protection des jeunes filles. Les dames de la Société protestante ayant le même but se tenaient plus loin. Croniamantal, placé maintenant derrière un gros homme à la barbe dure, courte et roussâtre, habillé de vert, descendit l'escalier qui mène au vestibule de la gare.

Dehors il salua le Dôme solitaire au milieu de la place irrégulière qu'il emplit de sa masse. La gare tassait sa masse moderne près de la cathédrale énorme. Des hôtels étalaient des enseignes en langue hybride et proches du colosse gothique, semblaient cependant se tenir à une distance respectueuse. Croniamantal renifla longtemps l'odeur de la ville devant la cathédrale. Il semblait désappointé.

« Elle n'est point ici, se dit-il, mon nez la sentirait, mes nerfs vibreraient, mes yeux la verraient. »

Il traversa la ville, passa les fortifications à pied comme poussé par une force inconnue le long de la grand'route, en aval, sur la rive droite du Rhin. Et de fait, Tristouse et Paponat, arrivés l'avant-veille à Cologne, avaient acheté une automobile et continuaient leur voyage ; ils avaient pris la rive droite du Rhin dans la direction de Coblence, et Croniamantal les suivait à la piste.

*
* *

La nuit de Noël arriva. Un vieux rabbin prophétique de Dollendorf, au moment où il s'engageait sur le pont qui relie Bonn à Beul, fut repoussé par un violent coup de vent. La rafale de neige faisait rage. Le bruit de l'ouragan couvrait les chants de Noël, mais les mille lumières des arbres étincelaient dans chaque maison.

Le vieux juif sacra :

« *Kreuzdonnerwetter*... je n'arriverai jamais au *Haenchen*... Hiver, mon vieil ami, tu ne peux rien sur ma vieille et joyeuse carcasse, laisse-moi traverser sans encombre ce vieux Rhin qui est ivre comme trente-six ivrognes. Moi-même je ne me dirige vers la noble taverne fréquentée par les Borusses qu'afin de m'y soûler en compagnie de ces bonnets blancs et à leurs dépens comme un bon chrétien, bien que je sois juif. »

Le bruit de l'ouragan redoubla, des voix étranges se firent entendre. Le vieux rabbin tressaillit et leva la téte en s'écriant :

« Donnerkeil ! Ui jeh ! ch, ch, ch. Eh ! dites donc, là-haut, vous feriez bien de retourner à vos affaires au lieu d'embêter les joyeux bougres que leur sort force à marcher par de pareilles nuits... Eh ! les mères, n'êtes-vous plus sous la domination de Salomon?... Ohé! obéi Tseilom Kop! Meicabl! Farwaschen Ponim! Beheime! Vous voulez m'empêcher de boire d'excellents vins de Moselle avec MM. les étudiants de la Borussia qui sont trop heureux de trinquer avec moi à cause de ma science bien connue et de mon lyrisme inimitable, sans compter tous mes dons de sorcellerie et de prophétie.

«Esprits maudits! sachez que j'aurais bu aussi des vins du Rhin, sans compter les vins de France. Je n'aurais pas négligé de sabler le champagne en votre honneur, mes vieilles amies!... A minuit, à l'heure où l'on fait Christkindchen, j'aurais roulé sous la table et aurais dormi du moins pendant la soûlerie... Mais vous déchaînez les vents, vous faites un vacarme infernal pendant cette nuit angélique qui devrait être paisible. Vous ne l'ignorez pas, nous sommes dans la période des jours alcyoniens... et, en fait de calme, vous semblez vous crêper le chignon là-haut, belles dames... Pour amuser Salomon, sans doute... Herrgottsocra,... qu'entends-je?... Lilith! Naama! Aguereth! Mahala!... Ah! Salomon, pour ton plaisir, elles vont tuer tous les poètes sur cette terre.

«Ah! Salomon! Salomon! roi jovial dont les amuseuses sont ces quatre spectres nocturnes qui se dirigent de l'Orient vers le Nord, tu veux ma mort, car je suis aussi poète comme tous les prophètes juifs et prophète comme tous les poètes.

«Adieu la soûlerie de ce soir... Vieux Rhin, il faut que je te tourne le dos. Je m'en vais me préparer à mourir en dictant mes plus lyriques et dernières prophéties...»

Un fracas inouï, pareil à un coup de tonnerre éclata. Le vieux prophète serra les lèvres en hochant la tête et regarda par terre, puis il se courba et tendit l'oreille, assez près du sol. Lorsqu'il se redressa, il murmura :

« La Terre même ne veut plus du contact insupportable des poètes. »

Alors, à travers les rues de Beuel, il se mit en route, tournant le dos au Rhin.

Lorsque le rabbin eut traversé la voie du chemin de fer, il se trouva devant deux chemins et tandis qu'il hésitait, ne sachant quel était le bon, leva de nouveau la tête par hasard. Il vit devant lui un jeune homme tenant une valise à la main et qui venait de Bonn ; le vieux rabbin ne reconnut pas ce personnage et il lui cria :

— Êtes-vous fou de voyager par un temps pareil, monsieur ?

— J'ai hâte de rejoindre quelqu'un que j'ai perdu et dont je suis la trace, répondit l'inconnu.

— Quelle est votre profession ? cria le juif.

— Je suis un poète.

Le prophète tapa du pied et tandis que le jeune homme s'éloignait il l'injuria ignoblement à cause de la pitié qui lui venait, puis il baissa la tête et sans plus s'occuper du poète alla regarder les poteaux pour se renseigner au sujet des routes. Il prit tout droit devant lui en bougonnant.

«Heureusement que le vent est tombé... au moins on peut marcher... J'avais cru d'abord qu'il arrivait pour me tuer. Mais non, il mourra peut-etre avant moi ce poète qui n'est même pas juif. Enfin, marchons vite et joyeusement pour nous préparer une mort glorieuse.»

Le vieux rabbin marcha plus vite; avec sa longue houppelande, il faisait l'effet d'un revenant, et des enfants qui, après l'arbre de Noël, revenaient de Pützchen, passèrent près de lui en criant d'épouvante, et longtemps ils jetèrent des pierres dans la direction où il avait disparu,

*
* *

Croniamantal parcourut ainsi une partie de l'Allemagne et de l'empire autrichien; la force qui le poussait l'entraîna à travers la Thuringe, la Saxe, la Bohème, la Moravie, jusqu'à Brünn, où il dut s'arrêter.

*
* *

Le soir même de son arrivée, il parcourut la ville. Dans les rues bordées de vieux palais, des Suisses énormes, en culotte et bicorne, se tenaient debout devant les portes. Ils s'appuyaient sur de longues cannes à pommeau de cristal. Leurs boutons d'or luisaient comme des yeux de chat.

Croniamantal ne trouvait plus son chemin; il erra pendant quelque temps et longeait des maisons pauvres où des ombres passaient vivement derrière les fenêtres éclairées. Des officiers en long manteau bleu passèrent. Croniamantal se tourna pour les suivre du regard, puis il sortit de la ville et alla, dans la nuit, contempler la masse sombre du Spielberg. Tandis qu'il examinait la vieille prison d'État, il y eut près de Croniamantal un bruit de pas, puis il vit trois moines le dépasser en gesticulant et parlant haut. Croniamantal courut après eux et leur demanda son chemin.

«Vous êtes Français, lui dirent-ils; venez avec nous. »

Croniamantal les examina et vit qu'ils portaient sur leurs frocs de petits manteaux beige fort élégants. Chacun d'eux tenait une badine et était coiffé d'un chapeau melon. En route, un des moines dit à Croniamantal :

«Vous vous êtes fort éloigné de votre hôtel, nous vous indiquerons le chemin si vous voulez. Mais, si cela vous convient, vous pouvez fort bien venir au couvent : on vous recevra convenablement, puisque vous êtes étranger, et vous pourrez y passer la nuit. »

Croniamantal accepta joyeusement en disant :

«Je le veux bien, car n'êtes-vous pas mes frères, à moi qui suis poète ? »

Ils se mirent à rire. Le plus vieux, qui avait des lorgnons cerclés d'or et dont le ventre saillait hors du pet-en-l'air à la mode, leva les bras en s'écriant :

« Poète ! Est-ce possible ? »

Et les deux autres, plus maigres, s'esclaffèrent en se baissant et en se tenant le ventre comme s'ils avaient eu la colique.

« Soyons sérieux, dit le moine à lorgnon, nous allons traverser une rue habitée par des juifs. »

Dans les rues, à chaque pas de porte, de vieilles femmes, debout comme des sapins dans une forêt, appelaient, faisaient des signes.

—Fuyons cette puterie, dit le gros moine, qui était tchèque de nation, que ses compagnons appelaient le père Karel.

Croniamantal et les moines finirent par s'arrêter devant un grand couvent. Au son de la cloche, le portier vint ouvrir. Les deux moines maigres dirent au revoir à Croniamantal, qui resta seul avec le père Karel dans un parloir richement meublé.

« Mon enfant, dit le père Karel, vous vous trouvez dans un couvent unique. Les moines qui l'habitent sont tous des gens comme il faut. Nous avons d'anciens archiducs et même d'anciens architectes, des soldats, des savants, des poètes, des inventeurs, quelques moines venus de France après l'expulsion des congrégations et quelques hôtes laïcs de bonnes manières. Tous sont des saints. Moi-même, tel que vous me voyez, avec mes lorgnons et mon gros ventre, je suis un saint. Je vais vous indiquer votre chambre, vous y resterez jusqu'à neuf heures ; alors vous entendrez la cloche du repas sonner et je viendrai vous chercher. »

Le père Karel guida Croniamantal à travers de longs corridors. Puis ils montèrent un escalier de marbre blanc et, au deuxième étage, le père Karel ouvrit une porte en disant :

« Votre chambre. »

Il lui montra le bouton de l'électricité et sortit.

La chambre était ronde, le lit et les meubles étaient ronds ; sur la cheminée, une tête de mort ressemblait à un vieux fromage.

Croniamantal se mit à la fenêtre, sous laquelle s'étendait l'obscurité touffue d'un grand jardin monacal d'où semblaient monter des rires, des soupirs, des cris de joie, comme si mille couples s'y étreignaient. Alors une voix de femme, dans le jardin, chanta une chanson que Croniamantal avait entendue autrefois :

taine

las

ı vient

: Germaine

mitaine

ιutre fois

Et Croniamantal se mit à chanter la suite :

: Germaine

: tes bras

Puis il attendit que la voix de Tristouse continuât le couplet.

Et des voix d'hommes de-ci de-là chantaient sur des airs graves des chansons inconnues, tandis qu'une voix cassée de vieillard chevrotait :

ιnt...

A ce moment, le père Karel entra dans la chambre, tandis qu'une cloche sonnait à toute volée.

« Eh bien ! mon garçon, on écoutait les rumeurs de notre beau jardin ? Il est plein de souvenirs, ce paradis terrestre. Tychobrahé y fit l'amour autrefois avec une jolie juive qui lui disait tout le temps : —

Chazer, — ce qui signifie cochon en jargon. Moi, j'y ai vu l'archiduc un tel s'y amuser avec un joli garçon qui avait le derrière fait en forme de cœur. Allons dîner, allons dîner.

*
* *

Ils arrivèrent dans un vaste réfectoire encore vide, et le poète put examiner à son aise les fresques qui couvraient les murailles.

C'était Noé ivre-mort et couché. Son fils Cham découvrait la nudité de son père, c'est-à-dire un cep de vigne joliment et naïvement peint dont les branches servaient d'arbre généalogique ou à peu près, car c'étaient les noms des abbés du couvent que l'on avait peints en lettres rouges dans les folioles.

Les noces de Cana montraient un Mannekenpis pissant du vin dans les barriques, tandis que la mariée, enceinte d'au moins huit mois, présentait son ventre pareil à un baril à quelqu'un qui écrivait dessus, au charbon : Tokaï.

C'étaient encore les soldats de Gédéon se soulageant de l'affreuse colique causée par l'eau qu'ils avaient bue.

La longue table qui tenait le milieu de la salle, en longueur, était mise avec une rare somptuosité. Les verres et les carafes étaient de cristal taillé de Bohême, du cristal rouge le plus fin, dans lequel n'entrent que de la fougère, de l'or et des grenats. Des pièces d'argenterie superbes brillaient sur la blancheur de la nappe semée de violettes.

Les moines arrivèrent deux par deux, capuchon sur la tête, bras croisés sur la poitrine. En entrant, ils saluèrent Croniamantal et se placèrent selon leur habitude. A mesure qu'ils arrivaient, le père Karel disait à Croniamantal leur nom et leur pays d'origine. La tablée fut bientôt complète et les convives étaient au nombre de cinquante-six, Croniamantal compris. L'abbé, un Italien aux yeux bridés, dit le bénédicité, et le repas commença, mais Croniamantal attendait avec anxiété l'arrivée de Tristouse.

On servit d'abord un potage au bouillon dans lequel nageaient de petites cervelles d'oiseaux et des petits pois...

*
* *

« Nos deux hôtes français viennent de partir, dit un moine français qui avait été le prieur du Crépontois. Je n'ai pu les retenir : le compagnon de mon neveu chantait tout à l'heure au jardin, de sa jolie voix de soprano. Il a manqué s'évanouir en entendant quelqu'un chanter, dans ce couvent, la suite de la chanson. C'est en vain que mon neveu supplia son gracieux camarade de rester ici ; ils sont partis à cette heure et ont pris le train, car leur automobile n'était pas prête. Nous la leur enverrons par chemin de fer. Ils ne m'ont pas confié le but de leur voyage, mais je pense que ces pieux enfants ont affaire à

Marseille. Je crois, au demeurant, les avoir entendus parler de cette ville.»

Croniamantal, pâle comme un linge, se leva alors :

«Excusez-moi, mes pères, leur dit-il, mais j'ai eu tort d'accepter votre hospitalité. Il faut que je m'en aille, ne m'en demandez pas la raison. Mais je garderai toujours un bon souvenir de la simplicité, de la gaîté, de la liberté qui régnent ici. Tout cela m'est cher au plus haut degré, pourquoi, pourquoi, hélas, n'en puis-je profiter?»

XVI

Persécution

En ce temps-là, on distribuait chaque jour des prix de poésie. Des milliers de sociétés s'étaient fondées dans ce but et leurs membres vivaient grassement en faisant, à date fixe, des largesses aux poètes. Mais le 26 janvier était le jour où les plus grandes sociétés, compagnies, conseils d'administration, académies, comités, jurys, etc., etc., du monde entier décernaient celui qu'elles avaient fondé. On attribuait ce jour-là 8,019 prix de poésie dont le montant faisait une somme de 50 millions 3,225 fr. 75. D'autre part, le goût de la poésie ne s'étant répandu dans aucune classe de la population d'aucun pays, l'opinion publique était très montée contre les poètes que l'on appelait paresseux, inutiles, etc. Le 26 janvier de cette année-là se passa sans incidents, mais le lendemain, le grand journal *La Voix*, publié à Adélaïde (Australie), en langue française, contenait un article du savant chimiste-agronome Horace Tograth (un Allemand, né à Leipzig), dont les découvertes et les inventions avaient paru souvent tenir du miracle. L'article intitulé *Le Laurier* contenait une sorte d'historique de la culture du laurier en Judée, en Grèce, en Italie, en Afrique et en Provence. L'auteur donnait des conseils à ceux qui avaient des lauriers dans leurs jardins, il indiquait les usages multiples du laurier, dans l'alimentation, dans l'art, dans la poésie et son rôle comme symbole de la gloire poétique. Il en venait à parler mythologie, faisant des allusions à Apollon et à la fable de Daphné. A la fin, Horace Tograth changeait brusquement de ton et terminait ainsi son article : « Et puis, je le dis en vérité, cet arbre inutile est encore trop commun, et nous avons des symboles moins glorieux auxquels les peuples

127

attribuent la saveur fameuse du laurier. Les lauriers tiennent trop de place sur notre terre trop habitée, les lauriers sont indignes de vivre. Chacun d'eux prend la place de deux hommes au soleil. Qu'on abatte les lauriers et qu'on craigne leurs feuilles comme un poison. Naguère encore symbole de poésie et de science littéraire, elles ne sont aujourd'hui que le symbole de cette morte-gloire qui est à la gloire ce que la mort est à la vie, ce que la main de gloire est à la clef.

« La vraie gloire a abandonné la poésie pour la science, la philosophie, l'acrobatie, la philanthropie, la sociologie, etc... Les poètes ne sont plus bons aujourd'hui qu'à toucher de l'argent qu'ils ne gagnent point puisqu'ils ne travaillent guère et que la plupart d'entre eux (sauf les chansonniers et quelques autres) n'ont aucun talent et par conséquent aucune excuse. Pour ceux qui ont quelque don, ils sont encore plus nuisibles, car s'ils ne touchent rien, ni à rien, ils font chacun plus de bruit qu'un régiment et nous rabattent les oreilles de ce qu'ils sont maudits. Tous ces gens-là n'ont plus de raison d'être. Les prix qu'on leur décerne sont volés aux travailleurs, aux inventeurs, aux savants, aux philosophes, aux acrobates, aux philanthropes, aux sociologues, etc. Il faut que les poètes disparaissent. Lycurgue les avait bannis de la République, il faut les bannir de la terre. Sans quoi les poètes, paresseux fieffés, seront nos princes et, sans rien faire, vivront de notre travail, nous opprimeront, se moqueront de nous. En un mot, il faut se débarrasser au plus vite de la tyrannie poétique.

« Si les républiques et les rois, si les nations n'y prennent garde, la race des poètes, trop privilégiée, croîtra dans de telles proportions et si rapidement qu'avant peu de temps personne ne voudra plus travailler, inventer, apprendre, raisonner, faire des choses dangereuses, remédier aux malheurs des hommes et améliorer leur sort.

«Sans tarder, donc, il faut aviser et nous guérir de cette plaie poétique qui ronge l'humanité.»

Un bruit énorme accueillit cet article. Il fut télégraphié ou téléphoné partout, tous les journaux le reproduisirent. Quelques journaux littéraires firent suivre la citation de l'article de Tograth de réflexions moqueuses à l'égard du savant, on avait des doutes sur l'état de sa mentalité. On riait de cette terreur qu'il manifestait à l'égard du laurier lyrique. Les journaux d'informations et d'affaires, au contraire, faisaient grand cas de l'avertissement. On y disait que l'article de *La Voix* était génial.

L'article du savant Horace Tograth avait été un prétexte unique, admirable pour affirmer la haine de la poésie. Et le prétexte était poétique. L'article du savant d'Adélaïde faisait appel au merveilleux de l'antiquité dont le souvenir gît dans tout homme bien né et à l'instinct de conservation que connaissent tous les êtres. C'est pourquoi presque tous les lecteurs de Tograth furent émerveillés, effrayés et ne voulurent pas manquer l'occasion de faire du tort aux poètes qui, à cause du grand nombre de prix dont ils bénéficiaient, étaient jalousés par toutes les classes de la population. La plupart des journaux concluaient en demandant que les gouvernements prissent des mesures pour qu'au moins les prix de poésie fussent supprimés.

Le soir, dans une autre édition de *La Voix*, le chimiste-agronome Horace Togratli, publiait un nouvel article qui, de même que le premier, télégraphié ou téléphoné partout, porta l'émotion à son comble dans la presse, parmi le public et chez les gouvernants. Le savant terminait ainsi :

« Monde, choisis entre ta vie et la poesie ; si l'on ne prend pas de mesures sérieuses contre elle, c'est fait de la civilisation. Tu n'hésiteras point. Dès demain commencera l'ère nouvelle. La poésie n'existera plus, on brisera les lyres trop lourdes pour les vieilles inspirations. On massacrera les poètes. »

*
* *

Pendant la nuit la vie fut pareille dans toutes les villes du globe. L'article télégraphié partout avait été reproduit dans des éditions spéciales des journaux locaux qu'on s'arrachait. Le peuple était partout de l'avis de Tograth. Les tribuns descendirent dans la rue et se mêlant à la foule l'excitèrent. La plupart des gouvernements prirent d'ailleurs cette nuit même des décisions dont le texte affiché au fur et à mesure provoquait dans les rues un enthousiasme indescriptible. La France, l'Italie, l'Espagne et le Portugal décrétèrent les premières que les poètes établis sur leur territoire seraient emprisonnés au plus tôt, en attendant qu'on décidât de leur sort. Les poètes étrangers ou absents qui tenteraient de pénétrer dans ces pays risqueraient d'être condamnés à mort. On télégraphia que les États-Unis d'Amérique avaient décidé d'électrocuter tout homme dont la profession de poète serait notoire. On télégraphia aussi qu'en Allemagne il avait été décrété que les poètes en vers ou en prose établis sur le territoire de l'empire resteraient enfermés jusqu'à nouvel ordre dans leurs demeures. A la vérité, durant cette nuit et la journée qui suivit tous les États du globe, même ceux qui ne possédaient que de mauvais petits bardes sans lyrisme, prirent des mesures contre le nom même de poète. Seuls, deux pays firent exception, c'étaient l'Angleterre et la Russie. Ces lois improvisées furent mises aussitôt à exécution. Tous les poètes qui se trouvaient sur les territoires français, italien, espagnol et portugais furent emprisonnés le lendemain, tandis que quelques journaux littéraires paraissaient encadrés de noir et se lamentaient sur la nouvelle terreur. Des dépêches arrivées à midi annoncèrent qu'Aristénète Sud-Ouest, le grand poète nègre d'Haïti, avait été coupé en morceaux le matin même et dévoré par une populace de noirs et de mulâtres ivres de soleil et de carnage. A Cologne, la Kayserglocke avait tonné toute la nuit, et le matin, le professeur docteur Stimmung, auteur d'une épopée médiévale en quarante-huit chants, étant sorti pour prendre le train, car il se rendait à Hanovre, avait été poursuivi par une troupe de fanatiques qui lui donnait des coups de bâton et criait : « A mort le poète ! »

Il s'était réfugié dans la cathédrale et y demeura enfermé avec quelques bedeaux par la population déchaînée des Drikkes, des Hannes et des Marizibill. Ces dernières surtout se montraient acharnées, invoquaient la Vierge, sainte Ursule et les trois rois Mages en plat allemand, sans négliger de donner des coups de poing, afin de se frayer un passage dans la foule. Leurs patenôtres et adjurations pieuses étaient entrelardées d'insultes admirablement ignobles à l'égard du professeur-poète, qui devait surtout sa réputation à l'unisexualité de ses mœurs. Le front contre terre, il se mourait de peur sous le grand saint Christophe de bois. Il entendit les bruits des maçons qui muraient toutes les issues de la cathédrale et se prépara à mourir de faim.

Vers deux heures, on télégraphia qu'un sacristain-poète de Naples avait vu bouillonner le sang de saint Janvier dans l'ampoule. Le sacristain était sorti en proclamant le miracle et s'était empressé d'aller au port jouer à la mourre. Il avait gagné à ce jeu tout ce qu'il avait voulu et un coup de couteau à la poitrine.

Les télégrammes annonçant les arrestations de poètes se succédèrent toute la journée. L'électrocution des poètes américains fut connue vers quatre heures.

A Paris, quelques jeunes poètes de la rive gauche épargnés à cause de leur manque de notoriété organisèrent une manifestation qui partit de la Closerie des Lilas vers la Conciergerie, où était enfermé le prince des poètes.

La troupe arriva pour disperser les manifestants. La cavalerie chargea. Les poètes sortirent des armes et se défendirent, mais le peuple à cette vue se mêla à la bagarre. On étrangla les poètes et quiconque se proclamait leur défenseur.

Ainsi commença la persécution qui s'étendit rapidement dans le monde entier. En Amérique, après l'électrocution des poètes célèbres, on lyncha tous les chansonniers nègres et même beaucoup qui de leur vie n'avaient fait de chansons ; ensuite on tomba sur les blancs de la bohème littéraire. On apprit aussi que Tograth, après avoir dirigé lui-même la persécution en Australie, s'était embarqué à Melbourne.

XVII

Assassinat

Comme Orphée, tous les poètes étaient près d'une malemort. Partout les éditeurs avaient été pillés et les recueils de vers brûlés. Dans chaque ville, des massacres avaient eu lieu. L'admiration universelle allait pour le moment à cet Horace Tograth qui d'Adélaïde (Australie) avait déchaîné la tempête et semblait avoir à jamais détruit la poésie. La science de cet homme, racontait-on, tenait du miracle. Il dissipait les nuages ou amenait un orage au lieu qu'il voulait. Les femmes, dès qu'elles le voyaient, étaient prêtes à faire sa volonté. Au demeurant, il ne dédaignait pas les virginités ou féminines ou masculines. Dès que Tograth avait su quel enthousiasme il avait éveillé dans tout l'univers, il avait annoncé qu'il irait dans les principales villes du globe après que l'Australie aurait été débarrassée de ses poètes érotiques ou élégiaques. En effet, on apprit à quelque temps de là le délire des populations de Tokio, de Pékin, de Yakoutsk, de Calcutta, du Caire, de Buenos-Ayres, de San Francisco, de Chicago, à l'occasion de la visite de l'infâme Allemand Tograth. Il laissa partout une impression surnaturelle à cause de ses miracles qu'il disait scientifiques, de ses guérisons extraordinaires qui portèrent au sublime sa réputation de savant et même de thaumaturge.

Le 30 mai, Tograth débarqua à Marseille. La population était massée sur les quais, Tograth arriva du paquebot dans une chaloupe. Dès qu'on [qu'on qu'on] l'aperçut, les cris, les vivats, les braillements poussés par des gosiers innombrables se mêlèrent au bruit du vent, des vagues et des sirènes sur les vaisseaux. Tograth était debout dans la chaloupe, grand et maigre. A mesure que la chaloupe approchait, on distinguait mieux les traits du héros. Son visage était glabre et bleuissait à l'endroit des poils, sa bouche presque sans lèvres blessait d'une large estafilade le visage sans menton, ce qui faisait qu'on eût dit d'un requin. Au-dessus, le nez se retroussait et laissait béantes les narines. Le front montait perpendiculaire, très haut et très large. Le costume de Tograth était blanc, très collant, ses souliers également blancs avaient des talons hauts. Il ne portait pas de chapeau. Lorsqu'il posa le pied sur le sol de Marseille, l'enthousiasme fut tel qu'après que les quais se furent vidés, trois cents personnes furent trouvées mortes étouffées, foulées aux pieds, écrasées. Quelques hommes saisirent le héros et le portèrent ainsi, tandis que l'on chantait, criait et que des femmes lui jetaient des fleurs jusqu'à l'hôtel où des appartements lui avaient été préparés, et à la porte s'étaient placés les directeurs, les interprètes, les pisteurs,

*
* *

Le même matin, Croniamantal, venant de Brünn, était arrivé à Marseille pour y chercher Tristouse qui s'y trouvait depuis la veille au soir avec Paponat. Tous trois s'étaient mêlés à la foule qui acclamait Tograth devant l'hôtel où il devait descendre.

— Heureuse fureur, dit Tristouse. Vous n'êtes pas poète, Paponat, vous avez appris des choses qui valent infiniment mieux que la poésie. N'est-ce pas, Paponat, que vous n'êtes nullement poète ?

135

—En effet, ma chère, répondit Paponat, j'ai versifié pour m'amuser, mais je ne suis pas poète, je suis un homme d'affaires excellent et nul ne s'y entend mieux que moi pour gérer une fortune.

—Ce soir, vous mettrez à la poste une lettre pour *La Voix* d'Adélaïde, vous direz tout cela et ainsi vous serez à l'abri.

—Je n'y manquerai pas, dit Paponat. A-t-on jamais vu ça, poète ! c'est bon pour Croniamantal.

—J'espère bien, dit Tristouse, qu'on va le massacrer à Brünn, où il pensait nous trouver.

—Mais justement le voilà, dit doucement Paponat. Il est dans la foule. Il se cache, il ne nous a pas vus.

—Je voudrais qu'on le massacrât sans tarder, dit Tristouse avec un soupir. J'ai idée que cela ne tardera pas.

—Regardez, dit Paponat, voici venir le héros.

*
* *

Le cortège qui amenait Tograth étant arrivé devant l'hôtel, on déposa l'agronome sur le sol. Tograth se tourna vers la foule et lui parla :

« Marseillais, je pourrais, pour vous remercier, employer des paroles plus grosses que votre célèbre sardine. Je pourrais faire un long discours. Mais ces paroles ne seraient jamais proportionnées à la magnificence de la réception que vous m'aviez réservée. Je sais qu'il y a parmi vous des maux que je puis soulager grâce à la science, non pas seulement la mienne, mais celle que les savants ont accumulée depuis des millénaires. Qu'on amène les malades, je veux les guérir. »

Un homme dont le crâne était chauve comme celui d'un habitant de Mycone cria :

« Tograth ! divinité humaine, savantissime tout-puissant, donne-moi une chevelure luxuriante. »

Tograth sourit et dit qu'on laissât cet homme s'approcher, ensuite il toucha le crâne dénudé en disant :

« Ton caillou stérile se recouvrira d'une abondante végétation, mais souviens-toi de ce bienfait en haïssant à jamais le laurier. »

En même temps que le chauve, une fille s'était approchée. Elle implora Tograth :

« Bel homme, bel homme, regarde ma bouche, mon amant, à coups de poing, m'a cassé quelques dents, rends-les-moi. »

Le savant sourit et lui mit un doigt dans la bouche en disant :

« Tu peux mordre maintenant, tu as des dents superbes, Mais, en reconnaissance, montre ce que tu as dans ton sac. »

La fille rit en ouvrant la bouche où brillèrent de nouvelles dents, puis elle ouvrit son sac en s'excusant :

« C'est une drôle d'idée, devant tout le monde. Voilà mes clefs, voici la photographie sur émail de mon amant ; il est mieux que ça. »

Mais les yeux de Tograth avaient brillé ; il avait avisé, pliées, quelques chansons parisiennes rimées sur des airs viennois, Il prit ces papiers et après les avoir regardés :

— Ce ne sont que des chansons, dit-il, n'as-tu pas de poésies ?

— J'en ai une bien jolie, dit la fille, c'est le pisteur de l'hôtel Victoria qui me l'a faite avant de partir pour la Suisse. Mais je ne l'ai pas montrée à Sossi.

Et elle tendit à Tograth un petit papier rose sur lequel se trouvait ce lamentable acrostiche :

je m'en aille,

a, ne déraille,

is, une fois,

ux seuls dans les bois,

nheur je crois.

« Ce n'est pas seulement de la poésie, dit Tograth, elle est, en outre, idiote. »

Il déchira le papier et le jeta dans le ruisseau, tandis que la fille claquait des dents et assurait d'un air effrayé :

« Bel homme, bel homme, je ne savais pas que ce fût mal. »

A ce moment, Croniamantal s'avança auprès de Tograth et apostropha la foule :

« Canailles, assassins ! »

Des rires éclatèrent. On cria :

« A l'eau, le couillon ! »

Et Tograth, regardant Croniamantal, lui dit :

« Mon ami, que cette affluence ne vous offusque point. Moi, j'aime la populace, bien que je descende dans des hôtels où elle ne fréquente point. »

Le poète laissa parler Tograth, puis il reprit, s'adressant à la foule :

« Canaille, ris de moi, tes joies sont comptées, on te les arrachera une à une. Et sais-tu, populace, quel est ton héros ? »

Tograth souriait et la foule était devenue attentive. Le poète poursuivit :

« Ton héros, populace, c'est l'Ennui apportant le Malheur. »

Un cri d'étonnement sortit de toutes les poitrines. Des femmes firent le signe de la croix. Tograth voulut parler, mais Croniamantal le saisit brusquement par le cou, le jeta sur le sol et l'y maintint en posant un pied sur sa poitrine. En même temps il parla :

« C'est l'Ennui et le Malheur, le monstre ennemi de l'homme, le Léviathan gluant et immonde, le Béhémoth souillé de stupres, de viols et par le sang des merveilleux poètes. Il est le vomissement des

Antipodes, ses miracles ne trompent pas plus les clairvoyants que les miracles de Simon le magicien n'en imposaient aux Apôtres. Marseillais, Marseillais, pourquoi vous dont les ancêtres s'en sont venus du pays le plus purement lyrique, vous êtes-vous solidarisés avec les ennemis des poètes, avec les barbares de toutes les nations ? Le plus étrange miracle de l'Allemand revenu d'Australie, le connaissez-vous ? C'est d'en avoir imposé au monde et d'avoir été un instant plus fort que la création même, que la poésie éternelle. »

Mais Tograth, qui avait pu se dégager, se dressa, sali de poussière et ivre de rage, il demanda :

« Qui es-tu ? »

Et la foule cria :

« Qui es-tu, qui es-tu ? »

Le poète se tourna vers l'orient et parla d'une voix exaltée :

«Je suis Croniamantal, le plus grand des poètes vivants. J'ai souvent vu Dieu face à face. J'ai supporté l'éclat divin que mes yeux humains tempéraient. J'ai vécu l'éternité. Mais les temps étant venus, je suis venu me dresser devant toi.»

Tograth accueillit d'un éclat de rire terrible ces dernières paroles. Les premiers rangs de la foule ayant vu rire Tograth rirent aussi, et le rire en éclats, en roulades, en trilles se communiqua bientôt à la populace tout entière, à Paponat et à Tristouse Ballerinette. Toutes les bouches ouvertes faisaient face à Croniamantal qui perdait contenance. On cria parmi les rires:

«A l'eau, le poète!... Au feu, Croniamantal!... Aux chiens, l'amant du laurier!»

Un homme qui était au premier rang et avait un gros gourdin en appliqua un coup à Croniamantal, dont la grimace douloureuse fit redoubler les rires de la foule. Une pierre habilement lancée vint frapper le nez du poète, dont le sang jaillit. Une marchande de poisson fendit la foule, puis, se plaçant devant Croniamantal, lui dit:

«Hou! le corbeau. Je te reconnais, Peuchaire! tu es un policier qui s'est fait poète; tiens, vache, tiens, conteur de bourdes.»

143

Et elle lui asséna une gifle formidable en lui crachant au visage. L'homme que Tograth avait guéri de la calvitie s'approcha en disant :

« Regarde mes cheveux, est-ce un faux miracle, ça ? »

Et levant sa canne, il la poussa si adroitement qu'elle creva l'œil droit. Croniamantal tomba à la renverse, des femmes se précipitèrent sur lui et le frappèrent. Tristouse trépignait de joie, tandis que Paponat essayait de la calmer. Mais du bout de son parapluie, elle alla crever l'autre œil de Croniamantal, qui la vit en cet instant et s'écria :

« Je confesse mon amour pour Tristouse Ballerinette, ta poésie divine qui console mon âme. »

Alors de la foule des hommes crièrent :

« Tais-toi, charogne ! attention les madames. »

Les femmes s'écartèrent vite, et un homme qui balançait un grand couteau posé sur sa main ouverte le lança de telle façon qu'il vint se planter dans la bouche ouverte de Croniamantal. D'autres hommes firent de même. Les couteaux se fichèrent dans le ventre, la poitrine, et bientôt il n'y eut plus sur le sol qu'un cadavre hérissé comme une bogue de châtaigne marine.

XVIII

Apothéose

Croniamantal mort, Paponat avait ramené à l'hôtel Tristouse Ballerinette qui, aussitôt qu'elle y fut, se livra à une crise de nerfs dans les règles. On était dans un vieil immeuble et, par hasard, dans un placard, Paponat découvrit une bouteille d'eau de la reine de Hongrie qui remontait au XVIIe siècle. Ce remède agit rapidement. Tristouse reprit ses sens et alla sans plus tarder à l'hôpital réclamer le corps de Croniamantal, qu'on lui remit sans difficulté.

Elle lui fit des funérailles décentes et plaça sur sa tombe une pierre sur laquelle on grava, comme épitaphe :

te des pieds

r le bon sommeil

Ensuite elle revint à Paris avec Paponat qui l'abandonna quelques jours après pour un mannequin des Champs-Élysées.

Tristouse ne le regretta pas longtemps. Elle prit le deuil de Croniamantal et monta à Montmartre, chez l'oiseau du Bénin, qui commença par lui faire la cour, et après qu'il en eût eu ce qu'il voulait, ils se mirent à parler de Croniamantal.

—Il faut que je lui fasse une statue, dit l'oiseau du Bénin. Car je ne suis pas seulement peintre, mais aussi sculpteur.

—C'est ça, dit Tristouse, il faut lui élever une statue.

—Où ça? demanda l'oiseau du Bénin; le gouvernement ne nous accordera pas d'emplacement. Les temps sont mauvais pour les poètes.

—On le dit, répliqua Tristouse, mais ce n'est peut-être pas vrai. Que pensez-vous du bois de Meudon, monsieur l'oiseau du Bénin?

—J'y avais bien pensé, mais je n'osais le dire. Va pour le bois de Meudon.

—Une statue en quoi? demanda Tristouse. En marbre? En bronze?

—Non, c'est trop vieux, répondit l'oiseau du Bénin, il faut que je lui sculpte une profonde statue en rien, comme la poésie et comme la gloire.

—Bravo! Bravo! dit Tristouse en battant des mains, une statue en rien, en vide, c'est magnifique, et quand la sculpterez-vous?

—Demain, si vous voulez; nous allons dîner, nous passerons la nuit ensemble, et dès le matin nous irons au bois de Meudon, où je sculpterai cette profonde statue,

Aussitôt dit, aussitôt fait. Ils allèrent dîner avec l'élite montmartroise, rentrèrent se coucher vers minuit et le lendemain matin, à neuf heures, après s'être munis d'une pioche, d'une bêche, d'une pelle et d'ébauchoirs, ils prirent le chemin du joli bois de Meudon, où ils rencontrèrent, en compagnie de sa mie, le prince des poètes, tout heureux des bonnes journées qu'il avait passées à la Conciergerie.

Dans la clairière, l'oiseau du Bénin se mit à l'ouvrage. En quelques heures, il creusa un trou ayant environ un demi-mètre de largeur et deux mètres de profondeur.

Ensuite, on déjeuna sur l'herbe.

L'après-midi fut consacré par l'oiseau du Bénin à sculpter l'intérieur du monument à la semblance de Croniamautal.

Le lendemain, le sculpteur revint avec des ouvriers qui habillèrent le puits d'un mur en ciment armé large de huit centimètres, sauf le fond qui eut trente-huit centimètres, si bien que le vide avait la forme de Croniamantal, que le trou était plein de son fantôme.

*
* *

Le surlendemain, l'oiseau du Bénin, Tristouse, le prince des poètes et sa mie revinrent au monument qui fut comblé avec la terre qu'on en avait tirée et là, la nuit tombée, on planta un beau laurier des poètes, tandis que Tristouse Ballerinette dansait en chantant :

pas tu mens

ın

t de la reine

lle est reine

je l'aime

nd du puits

arjolaine

ıit

A René Berthier

Le Roi-Lune

Le Roi-Lune

I

Le 23 février 1912, je parcourais à pied cette partie du Tyrol qui commence presque aux portes de Munich. Il gelait, le soleil avait brillé durant tout le jour et j'avais laissé loin derrière moi une région où des châteaux fabuleux se reflétaient dans des lacs roses au crépuscule. La nuit était tombée, la pleine lune l'illuminait, bloc flottant dans le firmament où scintillaient de froides étoiles. Il pouvait être cinq heures. Je me hâtais, voulant arriver pour le dîner au grand hôtel de Werp, village bien connu des alpinistes et qui, d'après la carte que j'avais en poche, ne devait plus être éloigné que de trois ou quatre kilomètres. Le chemin était devenu mauvais. J'arrivai à un carrefour où aboutissaient quatre sentiers; je voulus consulter ma carte, mais je m'aperçus que je l'avais perdue en route. D'autre part le lieu où je me trouvais ne répondait à aucun point de l'itinéraire que je m'étais tracé avant le départ et dont je me souvenais nettement: j'étais égaré. Le temps me pressait et je ne tenais pas à coucher à la belle étoile. Je pris par le sentier qui me parut orienté dans la direction de Werp. Au bout d'une demi-heure de marche je m'arrêtai en un endroit où le sentier finissait devant une muraille de rochers haute de cinquante mètres environ et derrière laquelle des montagnes s'élevaient en masses chaotiques, blanches de neige. Autour de moi de grands sapins agitaient leurs formes sombres et retombantes, car le vent s'était levé et leurs cimes s'entrechoquant, ce bruit lugubre ajoutait encore à l'horreur du désert où le hasard m'avait entraîné. Je compris qu'il serait impossible de trouver Werp avant le jour et je cherchai quelque grotte, quelque anfractuosité de rocher où m'abriter du vent jusqu'à l'aube. Comme j'examinais fort soigneusement cette sorte de falaise qui se dressait devant moi, il me sembla apercevoir une ouverture vers laquelle je me dirigeai. Je reconnus une caverne très spacieuse et m'y aventurai. Au dehors, le vent faisait rage et la plainte des sapins avait quelque chose de poignant, comme si des milliers de voyageurs égarés avaient crié leur désespoir. Au bout de quelques minutes, m'étant habitué à la caverne, je perçus un bruit lointain de musique. Je crus d'abord m'être trompé, mais bientôt, je ne doutai plus, des ondes sonores et harmonieuses parvenaient jusqu'à mes oreilles et provenaient des entrailles de la montagne. Quel étonnement et quelle terreur! je voulus fuir. Puis la curiosité l'emporta et, tâtonnant le long de la paroi, je m'acheminai dans le but d'explorer la caverne de sorcellerie. J'avançai ainsi pendant plus d'un quart d'heure et les harmonies de l'orchestre souterrain se précisaient; puis la paroi fît un angle brusque. Je tournai changeant de direction et j'aperçus, à une distance que je ne pouvais évaluer, un peu de lumière filtrant, paraissait-il, autour d'un vantail. Je hâtai le pas et arrivai bientôt devant une porte.

La musique avait cessé. J'entendais une rumeur de voix éloignées. Me disant alors que les mélomanes souterrains ne devaient pas être, après tout, des gens dangereux et, d'autre part, comme malgré les apparences je ne pouvais me résoudre à admettre que mon aventure eût une origine surnaturelle, je frappai deux fois à la porte, mais personne ne vint. Enfin, ma main ayant rencontré un loquet, je le tournai et n'éprouvant aucune résistance, je pénétrai dans une vaste salle dont les parois étaient revêtues de marbres de couleur, de coquillages et où régnait une demi-lumière, tandis que de l'eau ruisselait dans des vasques où nageaient des poissons multicolores.

II

Ce n'est qu'après avoir longtemps regardé autour de moi que je vis
au fond de la grotte une porte entrouverte par laquelle je me hasardai
à jeter un coup d'œil dans la salle suivante qui était très spacieuse et
très haute de plafond. C'était une sorte de salle à manger meublée au
centre d'une table ronde, assez vaste, pour donner place à plus de cent
convives. Pour l'instant, il s'en trouvait là une cinquantaine environ
qui tous, jeunes gens de quinze à vingt-cinq ans, bavardaient avec
animation.

De la porte où je me tenais, et où on ne me voyait point, je
remarquai que la table n'avait point de pieds. Elle était suspendue au
plafond par quatre crochets portant des poulies sur lesquelles
s'enroulaient des câbles métalliques; de ces poulies les câbles filaient
en sens différents le long du plafond et après avoir passé dans des
anneaux fixés à la corniche descendaient le long des murailles, où l'on
pouvait les baisser, les remonter et les arrêter à volonté. Il en était de
même des sièges de cette singulière salle à manger: ils avaient tous
l'air d'escarpolettes. Des lampes électriques brillaient dans des
ampoules de teintes différentes. Je remarquai qu'il y avait toutes les
couleurs du prisme et ces ampoules suspendues du bout de leur fil
étaient disposées comme à plaisir et au hasard dans toute la salle et à
des hauteurs différentes, il y en avait même qui semblaient sortir de la
plinthe près du plancher. Ces lumières aux teintes versicolores étaient
si bien distribuées qu'on eût dit qu'il régnait dans la salle la lumière
même du soleil.

Je ne vis point de domestiques, mais au bout d'un instant, les convives ayant assez mangé des mets qui leur avaient été servis, les valets entrèrent par les portes du fond pour emporter le premier service et d'autres serviteurs arrivèrent poussant devant eux un petit chariot où était étendu, sur un lit de bois sec, un bœuf tout vivant qu'on y avait solidement attaché. Lorsque le chariot, dont le fond pouvait dégager une chaleur électrique suffisante à cuire un rôti, fut auprès de la table, tout s'alluma et il y eut bientôt, sous le bœuf que l'on retournait vivant, un brasier instantané et aromatique. A ce moment quatre écuyers tranchants s'avancèrent de cet air satisfait et fatigué de mon ami René Berthier lorsque avant de quitter le domaine de la science pour celui de la poésie ou inversement, au moyen d'une lime à ongles il tente l'ouverture de sa boîte d'ananas quotidienne. Les convives, qui devisaient fort agréablement, s'interrompirent aussitôt pour choisir le morceau de leur goût, comme font les journalistes d'affaires après une nouvelle conquête coloniale. Le bœuf vivant était découpé à l'endroit désigné, et telle était l'habileté du boucher que le morceau était détaché et rôti sans qu'aucun des organes essentiels ne fût touché. Bientôt il ne resta que la peau et le squelette que l'on emporta comme un contribuable dévoré par les collecteurs d'impôts.

Alors, entrèrent vingt oiseleurs, l'appeau en bouche et qui portaient chacun deux grandes cages pleines de canards plumés vivants que l'on étouffa devant chaque convive. Les sommeliers, qui se présentèrent spontanément, versèrent des rasades de vin de Hongrie et vingt trompettes, qui entrèrent par quatre portes à la fois, se mirent à sonner dans leurs instruments pavoisés.

Ce repas d'aliments vivants m'avait paru si singulier que je fus un peu inquiet sur le sort qui m'attendait en compagnie de gens aussi avides de sang, mais ils se levèrent alors, et tandis qu'ils allumaient qui des cigarettes, qui des cigares, les valets débarrassèrent la table et la hissèrent en un clin d'œil jusqu'au plafond, ainsi que les sièges. La salle demeura vide de meubles, et les trompettes s'en étant allés furent remplacés par quatre violonistes aveugles qui jouaient des airs à la mode, ce qui engagea aussitôt ces jeunes gens à danser. Mais cet exercice ne dura pas plus d'un quart d'heure, après quoi ils s'en allèrent dans une autre salle.

La porte étant restée ouverte, je m'avançai à pas de loup: je les vis qui devisaient entre eux, tandis qu'autour d'eux de singuliers meubles semblaient danser de la façon la plus bizarre et sans musique. Ces meubles se haussaient petit à petit comme un poète de salon et se dandinaient en se haussant et grandissaient par saccades; bientôt ils prirent l'apparence de meubles confortables, fauteuils et divans de cuir; une table avait l'apparence d'un champignon, elle était recouverte de cuir comme le reste du mobilier.

Aussitôt que les meubles eurent pris cette apparence honnête et cessé de haleter, les inconnus s'assirent dans les fauteuils et continuèrent de fumer; quatre d'entre eux s'installèrent autour de la table et entamèrent une partie de bridge qui provoqua aussitôt les discussions les plus désagréables, à ce point que l'un d'eux ayant posé sur la table son cigare allumé et tandis qu'il discutait, rouge de colère, un coup de son adversaire, la table éclata soudain comme un dirigeable allemand, jetant quelque perturbation dans la partie de cartes et dans l'assistance. Un nègre accourut aussitôt pour enlever la table pneumatique qui avait éclaté au contact du cigare et qui gisait à terre comme un éléphant mort ; il proposa d'apporter une autre de ces tables de caoutchouc recouvert de cuir, car il s'agissait d'un nouveau mobilier gonflable et dégonflable à volonté, et partant peu encombrant, même en voyage. Mais ces messieurs déclarèrent qu'ils n'avaient plus envie de jouer, et le nègre n'eut qu'à dégonfler le mobilier, qui s'affaissa en sifflant comme un serviteur russe sibilant devant son maître. Tout le monde quitta ensuite ce fumoir démeublé et le nègre éteignit l'électricité.

III

M'étant trouvé soudain dans l'obscurité, je gagnai la muraille et me dirigeai dans le sens où les voix s'éloignaient. En tâtonnant, je gagnai un escalier au bas duquel s'ouvrit une porte qui donnait sur un couloir étroit creusé dans le rocher et sur les parois duquel je vis, ou gravés ou écrits au crayon ou au fusain, les plus extraordinaires des graffitti obscènes. Je cite ceux dont je me souviens, mais en voilant la crudité de quelques-uns des termes qui étaient employés.

Un double phalle monstrueux fleuronnait l'M initiale de l'inscription suivante :

MICHEL-ANGE A CAUSÉ UN VIF PLAISIR A HANNS VON JAGOW

C'était écrit au crayon.

Plus loin, d'un cœur percé d'une flèche entourée d'un aspic sortait une banderole avec cette devise :

A CLÉOPATRE POUR LA VIE

Un érudit avait formulé en caractères gothiques un souhait qui m'emplit de stupéfaction et qui se rapportait à Hrotswitha, la dramaturge :

JE VOUDRAIS FAIRE L'AMOUR AVEC L'ABBESSE DE GANDERSHEIM

L'histoire de France avait inspiré à un anonyme, admirateur du XVIIIe siècle, l'exclamation la plus délirante :

IL ME FAUT MADAME DE POMPADOUR

Ces inscriptions étaient gravées avec une pointe métallique dans la paroi.

En voici une, tracée à la craie et accompagnée de trois ctéïs ailés et d'ampleur différente :

J'AI EU LE MÊME SOIR LA MÊME JOLIE TYROLIENNE DU XVIIE SIÈCLE A SES AGES DE 16 21 ET 33 ANS J'AURAIS PU ENCORE L'AVOIR A SON AGE DE 70 ANS MAIS J'AI PASSÉ LA MAIN A NICOLAS

L'anglomanie battait son plein dans cette déclaration catégorique au crayon bleu :

L'ANGLAISE INCONNUE DU TEMPS DE CROMWELL AVALE TOUT

Signé WILLY HORN

Une inscription largement tracée au fusain et presque effacée par endroits semblait un éclat de rire sarcastique qui me parut presque inconvenant dans cet inimaginable cimetière graphique :

J'AI EU HIER LA COMTESSE TERNISKA A L'AGE DE 17 ANS ELLE QUI EN A 45
BIEN SONNÉS

H. VON M.

Enfin je ne me crus pas trop audacieux en rapportant, eu égard aux graffitti précédents et malgré toute l'invraisemblance de la supposition, au mignon du roi Henri II cet aveu passionné et plein de franchise :

J'AIME QUÉLUS A LA FOLIE

Ces inscriptions équivoques et énigmatiques me remplirent de stupéfaction. Des cœurs percés, des cœurs enflammés, des cœurs doubles, d'autres emblèmes encore : ctéïs ailés ou non, imberbes ou toisonnés ; phalles orgueilleux ou humiliés, pattus ou prenant leur vol, solitaires ou accompagnés de leurs témoins, ornaient la paroi de tout un blason indécent et capricieux.

J'avançai délibérément dans le couloir où, par une porte sans battant et que fermait à demi un rideau de lourde tapisserie, je vis ce qui se passait à l'intérieur d'une salle dont le plancher était matelassé et recouvert de tapis, de coussins, de plateaux chargés de rafraîchissements. Aux murs et assez bas, quelques vasques que surmontait un robinet avançaient en forme de proue et pouvaient servir de bidet ou de cuvette. La jeune brigade dont j'avais jusqu'alors suivi les déplacements s'était réfugiée dans cette pièce. Ces jeunes gens s'étaient couchés là. Sur le matelas qui couvrait le sol, on voyait encore quelques boîtes de bois. Chacun de ces messieurs en avait une près de lui, d'autres étaient inoccupées ; l'une d'elles, placée près de la porte, se trouvait à ma portée.

Ils furent avant tout attentifs à regarder quelques albums, dont il y avait une profusion ; il me parut de loin que c'étaient des albums de photographies nues : modèles d'académies, hommes, femmes et enfants.

L'effet qu'on attendait de ces nudités s'étant produit, ces jeunes gens prirent les attitudes les plus débraillées possibles. Ils firent étalage de leur vigueur et, ouvrant les boîtes, ils déclanchèrent les appareils, qui se mirent à tourner lentement, assez semblablement aux cylindres des phonographes. Les opérateurs ceignirent encore une sorte de ceinture qui par un bout tenait à l'appareil, et il me parut qu'ils devaient tous ressembler à Ixion lorsqu'il caressait le Fantôme de Nuées, l'invisible Junon. Les mains de ces jeunes gens s'égaraient devant eux comme s'ils palpaient des corps souples et adorés, leur bouche donnait à l'air des baisers enamourés. Bientôt ils devinrent plus lascifs et, pétulants, se marièrent avec le vide. J'étais déconcerté, comme si j'avais assisté aux jeux inquiétants d'un collège de fous priapiques ; des sons sortaient de leur bouche, des phrases d'amour, des hoquets voluptueux, des noms si anciens où je reconnus ceux de la très sage Héloïs, de Lola Montés, d'une certaine octoronne qui devait provenir de je ne sais quelle plantation de la Louisiane au XVIIIe siècle ;

quelqu'un parlait d'un « page, mon beau page ».

Cette orgie anachronique me rappela soudain les inscriptions du couloir. J'écoutai avec plus d'attention les termes lascifs et j'assistai à l'accomplissement de tous les désirs de ces libertins, qui trouvaient la volupté dans les bras de la mort.

« Les boîtes, me dis-je, sont des cimetières, où ces nécrophiles déterrent des cadavres amoureux. »

Cette pensée me transporta, je me trouvai à l'unisson de ces débauchés et, tendant la main, je saisis près de la porte sans que personne s'en aperçût, la boîte qui s'y trouvait ; je l'ouvris, puis déclenchai le mouvement comme je l'avais vu faire aux jeunes gens, ceignis la courroie autour de mes reins et aussitôt il se forma sous mes yeux ravis un corps nu qui me souriait voluptueusement.

*
* *

Peu au fait de la mécanique il me serait difficile de m'étendre sur les caractéristiques de l'appareil et sur les données théoriques qui avaient présidé à sa construction. Toutefois, comme son apparence n'avait rien de surnaturel, j'essayai de me figurer l'opération à laquelle il présidait.

Cette machine avait pour fonction : d'une part, d'abstraire du temps une certaine portion de l'espace et de s'y fixer à un certain moment et pour quelques minutes seulement, car l'appareil n'était pas très puissant ; d'autre part, de rendre visible et tangible à qui ceignait la courroie la portion du temps ressuscitée.

C'est ainsi que je pouvais regarder, palper, besogner en un mot (non sans quelque difficulté) le corps qui se trouvait à ma portée, tandis que ce corps n'avait aucune idée de ma présence, n'ayant lui-même aucune réalité actuelle.

Les appareils qui se trouvaient là avaient dû être fixés à grands frais, car la patience seule pouvait faire rencontrer dans le passé, à l'inventeur, ces personnages voluptueux en plein pouvoir de volupté, et bien des tâtonnements devaient être nécessaires, bien des cylindres n'avaient dû rencontrer que des personnages peu importants dans de toute autre action que celle de faire l'amour,

J'imagine que l'étude approfondie de l'histoire, surtout de la chronologie, devait être indispensable aux constructeurs. Ils fixaient leur appareil sur l'emplacement où ils savaient qu'à telle date tel personnage féminin avait couché et mettant la mécanique en marche lui faisaient atteindre la date et l'heure exacte où ils pensaient pouvoir rencontrer le sujet dans l'attitude convenable.

Des appareils plus puissants et construits dans un but plus en rapport avec la morale courante pourraient servir à reconstituer des scènes historiques. Nul doute qu'une combinaison avec un appareil phonétique ne permette à l'inventeur s'il veut livrer son secret au public, au lieu de le faire servir uniquement à l'amusement de quelques débauchés souterrains, ne permette, dis-je, de donner l'apparence complète du passé en ses fragments découverts et qu'il n'y ait bientôt des explorateurs des temps révolus comme il y a encore et pour peu de temps, des explorateurs de terres inconnues. Tel de ces explorateurs s'acharnera à reconstituer, rouleau par rouleau, la vie de Napoléon. Des journaux publieront des informations comme celle-ci : « M. X..., explorateur du temps, vient, par un heureux hasard, de découvrir le poète Villon dont la vie est encore si mal connue, et cylindre à cylindre il ne le lâche pas d'une semelle. »

*
* *

Mais n'anticipons point. Tout cela est encore du domaine de l'utopie, tandis que le corps que je pressais dans mes bras me paraissait si fort à mon goût que j'en usais largement sans qu'il s'en doutât.

C'était une femme brune et voluptueuse, à peau blanche où des veines délicates paraissaient en si grand nombre qu'elle semblait bleue, de l'adorable bleu marin où se condensa l'écume que fut le corps divin d'Aphrodite. Et comme de ses deux mains rapprochées devant elle à la hauteur des seins, elle semblait repousser quelque chose, j'imaginais que c'était le corps flexible et blanc du cygne qui ne chantera point et qu'elle était Léda, mère des Dioscures. Elle disparut bientôt quand l'appareil s'arrêta et je me retirai à pas lents, tout bouleversé de ma bonne fortune.

IV

Dans le couloir, les graffitti sotactiques et les noms illustres me remplirent de dégoût, mais l'orgueil d'être désormais l'allié de l'horrible maison des Tyndarides m'emplit alors et je ne pus me retenir d'écrire au crayon :

J'AI COCUFIÉ LE CYGNE

Après quoi, plein d'inquiétude et ne pouvant plus supporter l'atmosphère de cette maison souterraine, où rien n'était surnaturel certes, mais ou tout était si nouveau pour moi, je voulus retrouver la sortie sans que personne m'eût rencontré. Mais je m'égarai, car au lieu de revenir dans les appartements que j'avais traversés je me trouvai bientôt et tout tremblant dans une grande salle où sur une estrade à trois marches se trouvait un siège aux pieds brisés, sorte de trône démantibulé derrière lequel pendait une tapisserie figurant un écu fuselé d'argent et d'azur. Au mur où s'ouvrait la porte par où j'entrai, des tableaux étaient pendus qui représentaient la vie en zones colorées, en lumières éclatantes.

Dans le fond un orgue emplissait la muraille et côte à côte comme des chevaliers en armure veillaient les tuyaux polis. Sur l'orgue une partition fermée portait sur le plat visible de sa riche reliure :

PARTITION ORIGINALE DE « L'OR DU RHIN »

La salle était dallée de serpentine, de portor, de cuivre ; il y avait aussi des dalles de verre transparent dont il montait des lumières, soit rouges, soit violettes. Ces lumières n'éclairaient point la salle qui était illuminée par de grandes fenêtres postiches d'où la lumière artificielle venait comme celle du jour même. A certaines places de ce dallage je vis des flaques de sang et dans un coin une pile de couronnes de théâtre en cuivre doré et en verroterie.

*
* *

C'est ici que se place l'épisode le plus émouvant de mon voyage, car voulant sortir de ce lieu et n'osant revenir sur mes pas, j'ouvris au hasard et sans faire aucun bruit une petite porte près de l'orgue. Il était huit heures du soir environ. Je jetai un coup d'œil dans une grande salle qui n'était pas moins éclairée que celle où je me tenais et qui était toute parfumée à l'essence de roses.

Un homme au visage jeune (il avait cependant alors environ soixante-cinq ans) s'y tenait vêtu comme un grand seigneur français du règne de Louis XVI. Ses cheveux nattés à la Panurge étaient surchargés de poudre et de pommade. Comme je pus m'en rendre compte par la suite, des scènes de *Richard Cœur de Lion* étaient brodées sur son gilet et des boutons de deux pouces de diamètre contenaient sous verre douze miniatures, portraits des douze Césars.

Autour de la salle, de grands pavillons de cuivre sortaient de la muraille.

Le curieux personnage, dont l'aspect anachronique contrastait si fort avec la modernité métallique de cette salle, était assis devant un clavier sur une touche duquel il appuya d'un air las et elle resta enfoncée, tandis qu'il sortait d'un des pavillons une rumeur étrange et continue dont je ne distinguai d'abord pas le sens.

L'inconnu écouta un moment avec attention ces rumeurs. Tout à coup il se leva et, faisant un geste à la fois efféminé et théâtral, la main droite étendue, la gauche sur son cœur, tandis que des sites oraux s'avançait le cortège, il s'écria :

« Royaume ermite ! ô pays du Matin Calme ! l'aube pointe à peine sur ton territoire et déjà de tes couvents montent les prières dont cet appareil précis m'apporte le murmure. J'entends le bruissement des vestes en papier huilé des gens du peuple, l'orage des aumônes pleuvant parmi les bousculades des pauvres gens. Je t'entends aussi, cloche de bronze de Séoul. Dans ta voix on distingue la plainte d'un enfant. J'entends aussi un cortège, il suit son beau seigneur, l'Yang Ban magnifique sur sa selle. Si un jour je porte encore la pourpre pâle qui ne convient qu'à moi, le Roi-Lune, j'irai visiter ton décor et jouir de ton climat que l'on dit délicieux. »

Et tandis que s'élevaient les paroles de celui que je reconnus aussitôt pour être le roi Louis II de Bavière, je vis que l'opinion populaire des Bavarois, qui pensent que leur roi malheureux et fou n'est point mort dans les eaux sombres du Starnbergersee, était juste. Mais les rumeurs lointaines qui provenaient du triste royaume des ermitages me sollicitaient trop pour que je ne me laissasse point aller au charme qui m'arrivait de la terre des vêtements blancs et, écoutant attentivement les murmures de l'aube, il me sembla entendre le bruit des lavandières battant perpétuellement les linges et les costumes virginaux et les chocs incessants des bâtons remplaçant le fer à repasser, comme si c'était l'aube blanche elle-même qu'on lavait et qu'on repassait.

Puis l'auguste noyé postiche du lac de Starnberg appuya sur une autre touche et aux paroles murmurées par le roi je compris que les bruits qui provenaient jusqu'à nous évoquaient l'atmosphère heureuse du Japon au moment de l'aurore.

Les microphones perfectionnés que le roi avait à sa disposition, étaient réglés de façon à apporter dans ce souterrain les bruits les plus lointains de la vie terrestre. Chaque touche actionnait un microphone réglé pour telle ou telle distance. Maintenant c'étaient les rumeurs d'un paysage japonais. Le vent soufflait dans les arbres, un village devait être là, car j'entendais les rires des servantes, le rabot d'un menuisier et le jet glacial des cascades.

Puis, une autre touche abaissée, nous fûmes transportés en pleine matinée, le roi salua le labeur socialiste de la Nouvelle-Zélande, j'entendis le sifflement des geysers au jaillissement d'eaux chaudes.

Ensuite, ce beau matin se continua dans la molle Taïti. Nous voilà au marché de Papeete, les lascives vahinés de la Nouvelle-Cythère y erraient, on entendait leur beau langage guttural et presque semblable au grec antique; on entendait aussi la voix des Chinois qui vendent le thé, le café, le beurre et les gâteaux; le son des accordéons et des guimbardes...

Nous voici en Amérique, la prairie est immense, une ville sans doute a surgi, autour de cette station d'où repart le pullman dont, de concert avec le roi, j'entends le sifflement.

Bruits terribles de la rue, tramways, usines, il paraît que nous sommes à Chicago, à l'heure de midi.

Nous voici à New-York, où chantent les vaisseaux sur l'Hudson.

Des prières violentes s'élèvent devant un christ à Mexico.

Il est quatre heures. A Rio-de-Janeiro passe une cavalcade carnavalesque. Les balles de caoutchouc, lancées par des mains sûres, s'aplatissent avec bruit sur les visages et répandent les eaux de senteur comme les alcancies moresques d'autrefois, plie, ploc, rires, ah! ah!

C'est six heures sur Saint-Pierre-de-la-Martinique, les masques se rendent en chantant dans les bals décorés de grosses fleurs rouges de balisier. On entend chanter:

onnaîte

ché,

onnaîte

in.

Sept heures, Paris, je reconnus la voix aigre de M. Ern.st L. J..n.ss., car le microphone, comme par hasard, aboutissait dans un café des grands boulevards.

L'angélus sonne au Munster de Bonn, un bateau chargé d'un double chœur chantant passe sur le Rhin, se rendant à Coblence.

Puis ce fut l'Italie, près de Naples. Les voiturins jouaient à la mourre par la nuit étoilée.

Alors vint la Tripolitaine où, autour d'un feu de bivouac, M.r.n.tt. s'exerçait à parler petit nègre, tandis que les troupes de la maison de Savoie l'entouraient martialement, prêtes à le défendre en cas d'agression improbable et tiraient quelques feux de salve onomatopéiques, cependant que de poste en poste à travers le camp se répondaient les sonneries des clairons.

Une minute après, dix heures! Sont-ce des mendiants qui se plaignent, qui gémissent avec tant d'ardeur? Le roi, qui les écoute, murmure:

«C'est la voix d'Ispahan qui arrive jusqu'à moi, issue d'une nuit noire comme le sang des pavots.»

Et tandis qu'il y songe, c'est l'odeur des jasmins que j'imagine.

Minuit! un pauvre pâtre crie dans un désert glacé: c'est l'Asie nocturne d'où le mal s'étend sur le monde.

Des éléphants barrissent. Une heure du matin! C'est l'Inde!

Puis le Thibet. On entend sonner les cloches sacerdotales.

Trois heures: le bruit des milliers de barques s'entrechoquant avec douceur sur les bords du fleuve à Saigon.

Doum, doum, boum, doum, doum, boum, doum, doum, boum, c'est Pékin, les gongs et les tambours des rondes, les chiens innombrables qui glapissent ou aboient mêlant leurs voix au lugubre bruit des rondes. Un chant de coq éclate, annonçant l'aube qui, livide, abandonne déjà la blanche Corée.

Les doigts du roi coururent sur les touches, au hasard, faisant s'élever, simultanément en quelque sorte, toutes les rumeurs de ce monde dont nous venions, immobiles, de faire le tour auriculaire.

171

Tandis que je m'émerveillai, le roi leva soudain la tête. Et, tout d'abord, ma présence ne parut pas l'étonner :

« Apportez-moi, me dit-il, la partition originale de l'*Or du Rhin*, je veux la parcourir après avoir écouté la symphonie du monde et avant d'aller entendre l'orchestre mouvant de M. Oswald von Hartfeld... Mais, figure de criminel, où est ton masque ? je ne veux devant moi personne sans masque. »

Et, le visage brusquement empreint de férocité, le roi s'avança les poings fermés ; il était de stature herculéenne, il me secoua brutalement, me battit à coups de poing, à coups de pied, me cracha à la figure, criant :

« Qu'on lui coupe les testicules ! Frankenstein, Eulenbourg, Jacob Ernst, Durkheim, qu'on lui coupe les testicules ! »

Je n'attendis aucun de ces messieurs, et voyant que le roi s'inquiétait de ce que j'étais démasqué plutôt que de ma présence insolite, je me dis que si je savais retrouver la porte par laquelle j'étais entré dans le souterrain je ne serais recherché par personne, le roi ne pensant avoir eu affaire qu'à un des familiers de sa maison : serviteurs, subalternes, pages, seigneurs ou bateliers.

Et tandis que je me sauvais, je l'entendais qui criait :

« La partition de l'*Or du Rhin*, le masque sur ta figure de criminel ou l'on te coupera les testicules ! »

V

Je me remis à errer dans ce somptueux souterrain où vivait ce vieux noyé qui avait été un roi fou. Pendant deux heures au moins je m'avançai prudemment dans l'obscurité, ouvrant des portes, tâtonnant la muraille et ne trouvant point d'issue.

D'abord j'entendis des éclats de voix au loin, puis tout se tut.

Enfin je me retrouvai dans la grotte qui servait de vestibule à cette étonnante demeure.

Dehors éclataient des fanfares qui se turent bientôt. Je n'eus qu'à ouvrir la porte par laquelle j'avais pénétré dans l'hypogée pour me retrouver parmi les sapins.

Mais la forêt s'était illuminée ; les mille lumières qui y étaient nées couraient, se haussaient, se baissaient, s'éloignaient, se rapprochaient, se groupaient, se tassaient, dégringolaient, s'étreignaient, se rallumaient, se rapetissaient, grandissaient, changeaient de couleurs, unifiaient leurs teintes, les diversifiaient, les unissaient en formes géométriques, les séparaient en lueurs, en flammes, en étincelles, les solidifiaient pour ainsi dire en d'incandescentes formes géométriques, en lettres de l'alphabet, en chiffres, en figures animées d'hommes et de bêtes, en de hautes colonnes ardentes, en lacs roulant des flots enflammés, en phosphorescences livides, en gerbes de fusées, en girandes, en lumière sans foyer visible, en rayons, en éclairs.

A certains moments, j'apercevais tout un peuple réuni au loin. En me rapprochant prudemment et me dissimulant derrière les troncs d'arbres, j'arrivai à distinguer ces personnages. Ils étaient masqués, sauf le vieux roi, dont le visage était découvert. Il avait mis un costume mi-masculin, mi-féminin, c'est-à-dire que sur son costume xviiie siècle il avait enfilé une robe à paniers, mais ouverte par devant et ornée d'une ceinture de gymnastique comme en ont les pompiers.

A ce moment, la musique reprit. Il y avait des musiciens très éloignés et d'autres tout proches. Leurs fanfares s'en allaient et revenaient, éclataient au loin ou tout près. On eût dit que cent orchestres se fuyaient, se cherchaient, se groupaient, se couraient après, s'éloignaient ou se rapprochaient, vite ou lentement. Il y avait là des stridences inconnues, des sonorités d'une force inouïe, des timbres d'une nouveauté impressionnante. Il venait de la musique de très haut, comme du ciel. Il en sortait de dessous terre et nous étions noyés, pour ainsi dire, dans un océan de sons magiques.

Soudain, tous ces personnages se ceignirent d'une ceinture semblable à celle du roi. Quelques-uns s'étant tournés, je vis que, sur le ventre, la ceinture était ornée d'un instrument assez semblable à un réveille-matin.

«Voilà, voilà des couleurs, disait le roi, et cet art est plus grand, il a plus de ressources que la peinture... Et cette musique mouvante, est-elle assez vivante? Maintenant, mes amis, allons nous promener.»

Le roi Lune s'envola gracieusement. Il alla se percher dans un arbre, où il continua de parler. Mais je ne compris pas ce qu'il disait et il me sembla qu'il gazouillait en s'adressant à la lune qui luisait entre les branches, puis il reprit son vol ; toute la compagnie s'envola avec lui, et ils disparurent dans les airs comme une troupe d'oiseaux migrateurs.

Je parvins à gagner Werp dans la matinée, et durant longtemps je n'éprouvai le besoin de raconter mon aventure à personne.

A Serge Jastrebzoff

et Édouard Férat

Giovanni Moroni

GIOVANNI MORONI

Il y a maintenant, comme en tous pays, d'ailleurs, tant d'étrangers en France qu'il n'est pas sans intérêt d'étudier la sensibilité de ceux d'entre eux qui, étant nés ailleurs, sont cependant venus ici assez jeunes pour être façonnés par la haute civilisation française. Ils introduisent dans leur pays d'adoption les impressions de leur enfance, les plus vives de toutes, et enrichissent le patrimoine spirituel de leur nouvelle nation comme le chocolat et le café, par exemple, ont étendu le domaine du goût.

J'ai connu naguère un nommé Giovanni Moroni, personnage sans grande culture. Il était employé dans un établissement de crédit. Italien d'origine, il était venu tout jeune en France chez un de ses oncles, épicier à Montmartre. Giovanni Moroni était un homme d'une trentaine d'années, râblé, rieur et indécis. Il avait oublié l'italien. Ses propos ne sortaient généralement point de la banalité courante. Toutefois je l'entendis un jour parler de ses jeunes années, et ce récit d'un pérégrin m'a paru assez saisissant et assez savoureux pour que j'aie tenté de le reproduire.

*
* *

« Ma mère s'appelait Attilia. Mon père, Beppo Moroni, fabriquait des jouets de bois, livrés pour quelques sous aux grands marchands qui les revendaient fort cher. Il s'en plaignait souvent. J'avais toutes sortes de jouets: des chevaux, des polichinelles, des sabres, des quilles, des pantins, des soldats, des chariots. Tout était en bois, et souvent je menais un tel bruit, je faisais tant de désordre que ma mère levait les bras en s'écriant:

«Vierge sainte! quel vaurien! Ah! Giovannino, tu l'as été dès ton baptême. Pendant que le prêtre versait l'eau sur ton front, tu mouillais tes langes.»

«Et la bonne Attilia me gratifiait de taloches que j'essayais de parer en criaillant et sanglotant désespérément.

«Cette époque de mon enfance à Rome m'a laissé des souvenirs très précis.

«Les plus lointains remontent à l'âge de trois ans.

«Je me revois surveillant la combustion dans une cheminée, sur un feu de bois, d'une pomme de pin pignon et faisant ensuite sortir de leurs alvéoles les amandes à enveloppe dure comme un os et y ressemblant.

«Je me souviens des fêtes de l'Épiphanie. J'étais joyeux d'avoir de nouveaux jouets que je croyais apportés par la Befana, cette sorte de fée laide et vieille comme Morgane, mais douce aux enfants et de cœur tendre. Ces fêtes des rois mages, pendant lesquelles je mangeais tant de dragées fourrées d'écorce d'orange, tant de bonbons à l'anis m'ont laissé un arrière-goût délicieux !

« Le jour, malgré le froid, je restais avec mon père dans la baraque qu'il tenait sur la Piazza Navona et où il avait le droit, pendant cette semaine, d'écouler ses jouets. Beppo me laissait courir d'une baraque à l'autre, et le soir, Attilia, apportant le repas de son mari et venant me prendre pour me coucher, devait me chercher longtemps en se lamentant de ce que des bohémiens m'avaient peut-être enlevé.

« Je me souviens aussi du supplice des cafards, qui revenait chaque mois. Ma mère les réunissait, je ne sais comment, dans un vieux tonneau, et j'étais alors admis à assister à leur trépas. Elle versait de l'eau bouillante sur les malheureuses bêtes, dont les agitations, les courses, les bonds désordonnés avant la mort m'enchantaient.

*
* *

« Hors du temps de la Befana, ma mère me menait souvent en promenade avec elle, tandis que son mari travaillait à la maison.

« C'était une belle brune, encore jeune. Les sergents retroussaient leur moustache en passant près d'elle. Je l'aimais beaucoup, surtout parce qu'elle avait pour pendants d'oreilles de grands cercles d'or fort lourds. Par ce détail, je la jugeais supérieure à mon père, qui, lui, n'avait aux oreilles que de petits cercles, minces comme du fil.

«Lorsque nous sortions, nous allions dans les églises, au Pincio, au Corso, voir passer les belles voitures. L'hiver, avant de rentrer, ma mère m'achetait de bonnes châtaignes chaudes et, l'été, une tranche de pastèque, froide comme une glace à peine sucrée.

«Souvent nous rentrions en retard, et c'étaient alors des disputes qui parfois devenaient terribles. Ma mère était jetée sur le plancher, traînée par les cheveux. Je revois nettement mon père piétiner la poitrine dénudée de ma mère, car pendant la lutte le corsage craquait ou s'ouvrait et les seins se dressaient, stigmatisés par le talon à clous.

«Malgré ces misères, assez rares d'ailleurs, mes parents faisaient bon ménage.

*
* *

«J'avais cinq ans lorsque j'eus ma première frayeur.

«Un jour, ma mère s'habilla soigneusement et me revêtit de ma plus jolie robe. Nous sortîmes ensuite. Ma mère acheta un bouquet de violettes. Nous arrivâmes dans un vilain quartier, devant une vieille maison. Nous gravîmes un escalier dont les marches de pierre étroites et gauchies étaient devenues glissantes. Une vieille femme nous fit entrer dans une pièce meublée de quelques chaises neuves ; puis un homme entra. Il était maigre, assez mal vêtu ; ses yeux flamboyaient étrangement et ses paupières sans cils étaient retournées. On voyait une chair vive, rouge et répugnante autour des yeux. Effrayé, je saisis les jupes de ma mère, mais elle se jeta à genoux devant l'homme, qui menaçait et commandait. Je m'évanouis et ne revins à moi que dans la rue. Ma mère me dit :

« — Que tu es bête ! De quoi avais-tu peur ? »

« Et moi je criais :

« — Je le dirai à papa, je le dirai à papa. »

« Elle me consola et m'apaisa en m'achetant un peu de pâte de tamarin, que j'aimais beaucoup.

*
* *

« Une autre fois, ma mère avait mal aux dents. Le soir, comme elle souffrait, son mari la lutina et plaisanta, disant :

« — C'est le mal d'amour.

«Ce soir-là, on me coucha plus tôt que de coutume. Le lendemain, le mal persista. Ma mère dut aller chez les capucins.

«Le portier nous fit entrer dans un parloir orné d'un crucifix, d'images pieuses, de branches d'olivier et de palmes bénites. Autour de la table, quelques frères rangeaient des paniers de salade menue et mêlée de petite laitue, de pourpier, de feuilles de radis, de pimprenelle et de fleurs de capucines que ces religieux ont coutume d'aller vendre dans la ville. Un vieux capucin entra et me bénit, tandis que ma mère lui baisait les mains en faisant un signe de croix. Ma mère s'assit, le capucin entoura un davier avec une serviette, se plaça derrière la patiente et lui introduisit l'instrument dans la bouche. L'opérateur fit un effort et une grimace. Ma mère poussa un hurlement et se mit à courir avec moi, qui m'accrochais à ses jupes. A la porte du couvent, elle se souvint d'avoir oublié de prendre la dent arrachée. Elle revint au parloir, et, après des paroles de remerciement, la redemanda. Le religieux nous bénit en disant que les dents qu'il arrachait étaient le seul salaire qu'il demandât. Depuis j'ai pensé que ces dents devenaient probablement et très justement des reliques révérées.

*
* *

«Ma mère donnait dans la superstition. J'avoue que je ne la dédaigne pas. Les causes s'enchaînent. La trouvaille d'un trèfle à quatre feuilles désigne peut-être l'approche d'un bonheur. Il n'y a rien d'incroyable à cela. A Strasbourg, l'arrivée des cigognes précède le printemps, l'annonce, et personne n'en voudrait douter.

« Une fois, en été, on avait donné à ma mère l'adresse d'un moine qui tirait les cartes à bon marché. Il habitait seul un couvent désert et nous fit entrer dans une bibliothèque dont le plancher même était encombré de livres. Il y avait aussi des sphères, des instruments de musique et d'astronomie. Le moine était un beau garçon qui portait une couronne de cheveux noirs et drus ; sa robe était tachée de vin, de graisse et marquée de petites saletés consistantes et sèches. Il indiqua une chaise à ma mère, qui s'assit et me prit sur ses genoux. Lui-même se plaça dans un fauteuil de l'autre côté d'une table encombrée d'un fiasque à demi vide et d'un autre encore plein, à travers le goulot duquel luisait comme une topaze l'huile qui remplace le bouchon de liège. Il y avait aussi, sur cette table, une écritoire, un verre sale et un jeu de cartes crasseux. L'opération dura une demi-heure, prenant toute l'attention de ma mère, tandis que je n'étais occupé que du cartomancien, dont la robe s'était ouverte et le montrait nu au-dessous. Il eut l'audace, lorsque les cartes furent épuisées, de se relever ainsi, bestialement impudique, et de refuser les cinquante centimes que ma mère lui offrait, en faisant semblant de ne rien voir.

« Il semble que la sorcellerie de ce moine était précieuse pour ma mère puisqu'elle retourna chez lui. Mais il devait l'effrayer, car elle m'emmena toujours comme sauvegarde.

« Une fois, le moine lui remit un sachet contenant un petit morceau d'or, un autre d'argent, un petit os de mort et un aimant. Il recommanda à ma mère de ne point oublier de donner à manger chaque semaine à l'aimant un peu de mie de pain trempée dans du vin et de ne pas manquer alors de retirer les déjections de l'aimant.

« Une autre fois le moine avait préparé un triangle de bois sur lequel étaient fichées de petites chandelles. Il fit ses recommandations à ma mère qui, le soir, lorsque mon père fut sorti pour prendre l'air, alluma les chandelles et porta le triangle aux latrines en prononçant d'étranges paroles qui m'effrayaient. Lorsqu'elle l'eut jeté dans la fosse, il en sortit une grande fumée et nous nous sauvâmes aussi épouvantés l'un que l'autre.

« La dernière fois que nous allâmes chez ce moine, il donna à ma mère un morceau de miroir en disant :

« — Ceci est un morceau de miroir dans lequel s'est miré Torlonia, l'homme le plus riche de l'Italie. Et sachez que lorsqu'on se mire on devient comme la personne à qui appartient le miroir. Ainsi, si je vous avais donné un miroir de prostituée, vous deviendriez comme elle, impudique.

« Ses yeux brillaient et regardaient ardemment ma mère, qui détourna la tête en prenant le miroir.

*
* *

«... Comme je n'ai plus revu Rome depuis mon enfance, je n'en ai que quelques souvenirs vagues et brisés. Je regrette de ne pouvoir mettre l'aventure suivante dans le cadre exact du carnaval romain. Mais je n'étais qu'un enfant et n'ai vu, porté dans les bras de mon père, que les chars d'où tombaient les *confettacci,* des bonbonnières, des fleurs.

«Un soir de Carnaval, mes parents, quatre amis et moi étions attablés devant le plat de circonstance: une timbale de macaronis au jus, mêlés de foies de poulet, à laquelle devait succéder une timbale douce de macaronis au sucre et à la cannelle.

«Tout à coup, on frappa violemment à la porte dont des voix avinées réclamaient l'ouverture:

«—Ce sont, dit mon père, de joyeux compagnons de Carnaval qui viennent faire une farce, boire à nos frais, nous intriguer, puis partir ailleurs faire de même. C'est Carnaval, il faut qu'on s'amuse.

«Et il alla ouvrir: une troupe de masques envahit l'appartement. L'un d'eux était porté par quatre de ses compagnons. Il y avait un arlequin, un paillasse, une *cuisinière française,* deux polichinelles, etc.

Le costume de celui qu'on portait était mi-partie rouge et noir, son masque était barbu, j'eus peur et me mis à pleurer, tandis que les masques chantaient et que ma mère cherchait trois fiasques de vin. Car il n'y en avait pas sur la table, parce qu'on ne boit que de l'eau en mangeant les macaronis.

« Lorsque le vin fut là, un des porteurs cria :

« — Eh ! l'homme saoul. Eh ! le dormeur. Eh ! l'ivre-mort. Voici du vin. Tiens-toi debout tout seul.

« Un autre porteur ajouta :

« — Ah ! j'en ai assez, on va le poser sur la table. Notre ami ne peut pas boire un litre sans tomber ivre, ivre-mort...

« Ma mère avait prestement débarrassé la table, On y déposa le masque endormi. Puis, tous burent bruyamment.

« — A ta santé ! dit l'un en s'adressant au dormeur, et dorénavant, supporte mieux le vin !

«Un autre lui jeta un verre plein en ricanant:

«—Ça te fera du bien, beau garçon.

«Puis, celui qui avait parlé le premier reprit d'un ton péremptoire:

«—Maintenant, veux-tu venir, oui ou non? Je sais bien que tu n'es pas plus endormi que moi. Tu fais semblant. Viens ou nous nous en irons sans toi. Je n'ai pas envie de m'éreinter à te porter. Viens! la farce a trop duré.

«Mais l'homme ne bougeait pas. Un des masques dit alors, tandis que ses compagnons se dirigeaient vers la porte:

«—Nous ne voulons pas nous embarrasser d'un fainéant. C'est jour de fête, foin des dormeurs. Il est très bien sur la table. Il ne tardera pas à se réveiller et retrouvera seul son chemin.

«—Nous ne sommes plus au temps du duc de Borso! s'écria mon

père, farceurs! remportez-le, votre ivrogne!

« Et il s'élança derrière les masques qui, déjà, descendaient en chantant:

ɔis couleurs:

ɟpérance,

nme nos cœurs,

« Mais mon père revint bientôt en disant:

« — Ils n'entendent plus rien. Ils sont saouls. Allons, Attilia, apporte-nous de l'eau, on va bien le réveiller.

« Mais déjà un des amis de mon père arrachait le masque du dormeur. Alors, un cri d'horreur s'échappa de toutes les poitrines. La face d'un homme brun et beau était apparue, dont les orbites étaient tachées de sang. Mon père se précipita et ouvrit le costume de l'homme. Il portait deux blessures du côté du cœur. Le meurtre devait être récent, car le sang coulait encore et avait traversé la robe de mascarade. Mais on l'avait pris jusqu'alors pour des taches de vin ou d'autre boisson.

«Un papier avait été placé sur la poitrine de l'assassiné. Mon père prit le billet et le lut à haute voix:

«— *Bice t'aimait pour tes yeux bleus. Je les ai vidés comme des coques de moules.*

«Ma mère avait ouvert la fenêtre et appelait à la garde. La police vint bientôt avec les voisins. Mais on m'emporta et je ne sus pas plus long de cette affaire.

** *
**

«A cette époque, j'avais sept ans. Mon père essayait de m'apprendre à épeler. Mais je ne goûtais pas ses leçons et préférais jouer à la mourre tout seul, ce qui est difficile, mais possible.

«Lorsque je ne jouais pas à la mourre, il m'arrivait de dire la messe. Une chaise devenait l'autel que je parais de petits candélabres, ciboires, ostensoirs de plomb que m'avait apportés la Befana. Parfois je chevauchais un bâton terminé à un bout par une tête de cheval. Enfin, lorsque j'étais las de tous les jeux, je me réfugiais dans un coin avec Maldino. Ce personnage tenait une grande place dans ma vie. C'était un pantin peint en vert, en jaune, en bleu et en rouge. Je l'aimais plus qu'aucun autre de mes joujoux, parce que je l'avais vu tailler par mon père nourricier.

« Sa naissance étrange, à laquelle j'avais présidé, puis son bariolage, tout concourait à en faire pour moi une sorte de génie que j'aimais croire tulélaire. Je ne sais pourquoi je l'avais appelé Maldino. Je forgeais des noms pour toutes les choses qui me frappaient. Une fois, je vis un poisson sur la table de la cuisine, J'y pensai longtemps, me le désignant du nom de Bionoulour.

« J'étais un jour en train de causer avec Maldino, car je me figurais que le pantin me répondait, lorsqu'on sonna. C'était la Saint-Joseph. Mon père était sorti. C'était sa fête et, ce jour, il le vouait aux soûleries. Ma mère ouvrit et introduisit un monsieur maigre et grisonnant. Il demanda à parler à mon père.

« — Beppo est sorti, dit ma mère, mais je suis sa femme.

« Le monsieur lui tendit une enveloppe en disant :

« — En ce cas, vous pouvez prendre connaissance de cette lettre.

«Mais Attilia éclata de rire, baissa les yeux et répondit en rougissant:

«—Je ne sais pas lire.

«A ce moment mon père entra, il était légèrement émoustillé et dès qu'il eut lu la lettre que lui tendait le visiteur, il regarda sa femme, lui parla à l'oreille. Elle éclata en sanglots.

«Le cœur de mon père était attendri par les libations, il se mit à pleurer avec ma mère, et voyant leurs larmes je me mis à sangloter plus fort qu'eux. L'étranger seul semblait de glace, mais respectait ce désespoir.

«Lorsque mes larmes furent épuisées, je m'endormis et me réveillai dans un wagon de train en marche. Je ne vis dans le compartiment que mon père. Heureusement, je sentis dans mes bras mon génie, Maldino. Mon père regardait par la portière. Je fis de même. Des paysages à chaque instant interrompus par des poteaux télégraphiques défilaient sous mes yeux. Les portées formées par les fils télégraphiques s'abaissaient, puis remontaient brusquement pour mon étonnement. Le train faisait une musique de fer massif qui me berçait: bourouboum boum boum, bourouboum boum boum. Je me rendormis et me réveillai lorsque le train s'arrêta. Je frottai mes yeux. Mon père me dit doucement :

« — Giovannino, regarde.

« Je regardai et vis derrière la gare une tour penchée.

« C'était Pise. J'en fus émerveillé et élevai Maldino afin qu'il vît cette tour qui était sur le point de tomber. Lorsque le train fut de nouveau en marche, je pris la main de mon père et lui demandai :

« — Où est maman ?

« — Elle est à la maison, dit mon père, tu lui écriras quand tu sauras écrire et tu reviendras quand tu seras grand.

« — Mais, ce soir, ne la reverrai-je plus ?

« — Non, répondit mon père avec tristesse, ce soir, tu ne la verras point.

«Je me mis à pleurer et à le battre en criant:

«—Méchant menteur.

«Mais il me calma en disant:

«—Giovannino, sois sage. Ce soir nous serons à Turin et je te mènerai voir Giandouia, qui ressemble en plus grand à ton pantin préféré.

«Je regardai Maldino avec tendresse, et, à l'idée que j'allais le voir en plus grand, je me consolai.

«La nuit, nous arrivâmes à Turin. Nous couchâmes à l'auberge. Je tombais de fatigue, mais tandis que mon père me déshabillait, je demandai:

«—Et Giandouia?...

«—Ce sera pour demain soir, dit mon père, tandis qu'il bordait mon lit, ce soir il est aussi fatigué que toi.

«Pour la première fois, je m'endormis sans avoir dit ma prière du soir.

«Le lendemain, mon père me mena voir Giandouia. Je n'avais encore jamais été au théâtre. Je fus aux anges pendant toute la représentation et ne perdis aucun des gestes des nombreuses marionnettes de grandeur naturelle qui s'agitaient sur la scène ; mais je ne compris rien à l'intrigue de la pièce qui, autant que je me souvienne, devait en partie se passer en Orient. Lorsque tout fut fini, je ne pouvais pas le croire. Mon père me dit :

« — Les marionnettes ne reviendront plus.

« — Où sont-elles allées ? demandai-je en m'assurant que Maldino était toujours dans mes bras.

« Mais mon père ne me répondit rien...

« Ensuite, je partis pour Paris avec mon oncle. Je n'ai jamais revu mes parents, qui moururent peu d'années après mon départ. »

Ayant achevé son récit, Giovanni Moroni resta longtemps rêveur, J'essayai à plusieurs reprises de connaître ses souvenirs, ses impressions sur les années qui s'étaient écoulées depuis sa première enfance. Mais il me fut impossible de rien tirer de lui sur ce sujet. Au demeurant, je crois qu'il n'avait rien à dire...

A Joseph Bachès

La Favorite

LA FAVORITE

C'était à Beausoleil, près de la frontière monégasque, dans cette partie du Carnier appelée le Tonkin et presque entièrement habitée par des Piémontais.

Un bourreau invisible ensanglantait l'après-midi. Deux hommes suaient et soufflaient en portant une civière. Ils se tournaient parfois vers le cou tranché du soleil et l'injuriaient, les yeux presque fermés.

Ces hommes et cette civière allaient péniblement comme un scorpion qui fuit le danger, et lorsqu'ils s'arrêtèrent près d'une bicoque basse et infecte, celui qui venait le dernier s'étant penché, le scorpion eut l'air d'être sur le point de se suicider avec la queue. Le porteur d'arrière écarta la couverture et découvrit la tête blessée d'un mort.

*
* *

Par la porte ouverte d'une maison pleine d'hommes venait une voix monotone qui appelait les numéros sortis au *lotto*. Accroupie sur le seuil, une fille de treize ou quatorze ans, en haillons, les cheveux courts rongés par la pelade, répétait sans cesse, en les chantonnant, ces mots d'affamé: *La polenta molla, la polenta molla...* » Les porteurs frappèrent à la porte et à l'unique fenêtre de la bicoque en appelant:

«Cichina. Eh! la Cichina!»

Aussitôt, un ouvrier débraillé bouscula la fille qui chantait et sortit de la maison que les numéros du *lotto* traversaient au hasard:

«Qu'y a-t-il?»

Les porteurs répondirent en s'épongeant le front:

«Le roc qu'il minait s'est détaché; il est tombé de cent mètres sur la route en se déchirant aux cactus.»

*
* *

La porte de la bicoque s'ouvrit et la Cichina, c'est-à-dire Françoise, parut, propre, avec un tablier rose, empesé et festonné.

Elle était brune, encore belle et bien faite; elle souriait, l'air faux, en minaudant et sa peau sèche et mate comme la paille de maïs attestait seule l'approche de la cinquantaine. Sur le cou et sur la face couraient les ombres de ses années. Et sur ses yeux encore humides comme le velours d'une loutre nageant à la surface de l'eau, les durs frissons du regret et d'une fin d'espoir mettaient parfois les miroitements bleus et froids de l'acier.

Les passions impétueuses de cette femme du peuple ne se traduisaient chez elle par aucune émotion. Elle le sentait, et s'efforçait, par la mobilité de la bouche, des yeux, par des gestes dramatiques, de montrer la violence de ses sentiments auxquels elle n'obéissait pas naturellement.

Ses attitudes étaient nobles, mais étudiées.

Elle dit : « Il est mort ! » et avec un grand cri cacha sa figure dans son tablier et il n'y eut rien dans sa douleur qui ne parût feint. Vite, elle abaissa son tablier et s'adressa à cet homme qui se tenait devant la maison du *lotto* :

« C'est aujourd'hui le 3, Costantzing !... Il est mort le 3 ! Joue sur le 3, Costantzing, joue sur le 3 ! »

*
* *

On commençait à se rassembler autour de la civière. Il y avait de petits gamins qui parlaient fort avec des voix d'hommes. Il y avait des gamines qui portaient des bébés dans les bras. Il y avait quelques ouvriers qui s'étaient mis à jouer à la *morra* en face du mort.

Un monsieur bien habillé s'arrêta près de la civière.

La Cichina le regarda en minaudant et en pleurnichant :

«Il était si brave, si brave ! Je lui ferai faire une belle couronne. »

*
* *

Les porteurs reprirent la civière et la portèrent dans la bicoque de la Cichina. Le mort entra nonchalamment comme un souverain oriental. On le déposa au centre de l'unique chambre qui sentait l'encens, la pâte aigre et la puanteur de la morue sèche qui dessalait dans l'eau d'une cuvette de terre vernissée, posée sur le sol. Au fond de la pièce était le lit ; au-dessus, un rosaire suspendu à la muraille, sous une palme tressée, encadrait une lithographie qui représentait Victor-Emmanuel entre Garibaldi et Cavour.

*
* *

Le monsieur bien vêtu s'était approché ; il examinait, apitoyé, l'intérieur misérable de la maison mortuaire. La Cichina le regarda encore en minaudant :

« *Moucha,* disait-elle, en corrompant le mot monsieur, il est mort ! il est mort !... Je n'ai pas de chance... Mais je vois bien qu'un galant homme comme vous ne me prend pas pour une femme de rien : la misère, *mouchu,* me force à vivre parmi les malheurs et les malheureux... Et qui sait ? Nous allons peut-être gagner de l'argent. Il est mort le 3 et Costantzing a pris ce numéro au *lotto.* Ah ! oui, j'en ai eu aussi de la chance... Quand on est belle !... Il n'y avait pas de plus belle que moi à *Pinéreul.* »

Et elle éclata en sanglots, parlant de Pignerol, hoquetant des phrases entrecoupées et magnifiques où *il re galantuomo,* ce Victor-Emmanuel, qui est le Vert Galant de l'Italie, revivait brusquement avec ses grosses moustaches conquérantes, ses goûts populaires et ses favorites d'un jour.

« *Vittorio Émmanuele !...* Oui, *mouchu.* Pendant un voyage à *Pinéreul...* Il était le premier, je vous le jure... J'ai eu quatre *marenghi,* oui, *mouchu,* quatre pièces d'or... Il était si beau et il était le roi... Quatre *marenghi...* »

Et elle pleurait, cette favorite, ne s'observant plus, laissant brusquement toutes ses années lui froisser le visage. Son souvenir les avait toutes rappelées, ses années à elle et de plus anciennes encore qui la vieillissant davantage évoquaient les aventures galantes des prisonniers de jadis à Pignerol. C'était Lauzun, vieille ombre frivole qui revenait pour courtiser cette femme, et, avec le surintendant Fouquet et le Masque de Fer, formait une cour merveilleuse et séculaire à cet ouvrier mort à qui le hasard avait donné pour compagne la favorite d'un roi.

Mais Costantzing, qui avait perdu son argent au *lotto,* chassa ces ombres lorsqu'il revint. Il s'avança, les poings fermés :

« Vous savez, la Cichina m'appartient ! Ce n'est pas parce que vous êtes habillé en monsieur que vous pouvez vous mêler de ce qui ne vous regarde pas... Foutez le camp et *tchaû !* »

Et il répéta plusieurs fois le dur adieu piémontais « *Tchaû !...
Tchaû !...* » Mais la Cichina mit les mains sur les hanches :

« A la couche, Costantzing, à la couche ! Tu n'es pas jaloux de celui-là ? »

Elle montrait la lithographie qui représentait Victor-Emmanuel.

« Ni de celui-là ? »

Elle désignait le mort au milieu de la pièce.

« Alors, tu n'as pas besoin d'être jaloux du *mouchu* qui s'intéresse à moi. Je fais ce que je veux, tu m'entends, *plandrong,* ce que je veux !... J'ai eu un roi quand j'ai voulu et des maçons quand il m'a plu et des messieurs, si ça me faisait plaisir... »

Et Costantzing était un *botcha,* c'est-à-dire un manœuvre, roux et vigoureux, ayant à peine vingt ans et plus orgueilleux de sa Cichina qu'elle n'était fière de sa propre destinée. La jalousie sortit de lui comme l'écume sort d'une vague brisée contre un rocher.

Il se jeta sur sa maîtresse qui, butant contre la civière, la renversa et tomba sur le mort.

Sauvagement, ce rival d'un roi piétinait la favorite par-dessus le cadavre, en fixant d'un air de défi le portrait souverain suspendu à la muraille.

A Mademoiselle Segré

Le Départ de l'Ombre

LE DÉPART DE L'OMBRE

« C'était il y a plus de dix ans, et tout cela n'est point passé, puisque je revois, quand je le veux, les choses et les gens de ce temps-là. Je sens leur consistance et j'entends les bruits et les voix. Ces souvenirs m'importunent, comme des mouches que l'on chasse et qui, aussitôt, se posent de nouveau sur la faec ou sur les mains.

« Quand Louise Ancelette mourut, je ne l'aimais plus. Sa tendresse, depuis un an déjà, glissait sur moi comme l'eau de pluie sur l'imperméable. Mon désamour, que je ne voulais pas montrer, brillait soudain, en éclair labial, devant nos amis, à qui mes inquiétudes mentales donnaient, j'en étais sûr, un sujet de conversation que je devinais sans les entendre, comme, sans le voir, on devine le cadavre d'une jeune fille lorsqu'on passe devant une maison mortuaire à la porte ornée de tentures blanches.

« On me l'a dit depuis. Près d'un mois avant le trépas de Louise, je disais qu'elle allait mourir, qu'elle n'en avait plus que pour trois semaines, pour quinze jours, qu'elle périrait le mercredi prochain, qu'elle mourrait le lendemain. On avait pris cela pour des plaisanteries, car Louise était bien portante, pleine de jeunesse et de gaieté.

« Mais le boucher peut dire le jour où telle génisse sera abattue. Ma haine était savante, je connaissais bien le jour de la mort de Louise et elle mourut à la date que j'avais indiquée.

«Elle mourut brusquement et sa mort ne fut point une énigme pour les médecins. Mais je ne pus empêcher que mes amis me soupçonnassent d'un crime. Leurs questions m'enlaçaient comme des serpents sibilants que je ne savais pas charmer.

«Tourments de jadis, je vous ressens encore...

*
* *

«Un mois avant la mort de Louise, nous étions sortis ensemble; c'était un samedi. Silencieux, nous errions dans le Marais, et je m'en souviens, je regardais nos ombres qui nous précédaient en se mêlant.

«Dans la rue des Francs-Bourgeois, nous nous arrêtâmes devant une boutique sur laquelle on pouvait lire: *Marchandises provenant du mont-de-piété.* A travers les vitres, on voyait, étalés, des objets disparates. Le monde entier et toutes les époques étaient les fournisseurs de cette boutique où bijoux, robes, tableaux, bronzes, bibelots, livres voisinaient comme les morts voisinent au cimetière. Je lisais mélancoliquement le lamentable précis d'histoire civile que formait toute cette brocante, quand Louise me demanda de lui acheter un bijou qui lui plaisait. Nous entrâmes. En ouvrant la porte vitrée je lus le nom qui s'y dessinait en lettres blanches: David Bakar, et je vis que, brusquement séparées, nos ombres n'entrèrent qu'à notre suite.

« David Bakar était assis à son comptoir. Il nous dit de prendre le bijou dans la vitrine et lorsque après avoir marchandé je voulus payer, il me dit qu'il n'avait pas de monnaie à me rendre et d'aller en faire dans le voisinage. Je compris que cet homme ne voulait pas travailler le jour du sabbat, et quand, de retour, j'eus payé ce que je devais, la monnaie resta sur le comptoir.

« — Quelle belle journée, nous dit ensuite Bakar. Il est vrai que c'est aujourd'hui samedi : le soleil brille toujours ce jour-là. Et c'est le jour où l'on peut le mieux examiner une ombre. Chaque samedi me rappelle aussi un des détails les plus émouvants de ma longue vie. Le beau souvenir que d'avoir été le hasard même ! Les chrétiens n'ont point de ces souvenirs d'enfance !

« Je naquis à Rome et ne suis à Paris que depuis l'âge de vingt-cinq ans.

« Vous savez qu'à Rome on tire le lotto chaque samedi, sur la piazza Ripetta, et que le soin de prendre les numéros au hasard est dévolu à un enfant juif qu'on choisit, de préférence, gracieux de visage et à cheveux bouclés.

« Une fois c'est moi qui tirai le lotto. Ma mère, qui était très belle, me conduisit. Alors, au centre de la place, je devins le hasard. Et depuis, je n'ai jamais vu tant de regards me considérer anxieusement.

A la fin, il y avait de ces yeux qui flamboyaient de colère et d'autres de joie. Des hommes me montraient le poing en m'insultant tandis que quelques-uns jubilaient en m'appelant Jésus, agneau pascal, sauveur, ou me donnaient d'autres noms chrétiennement flatteurs.

« Et je me souviens très nettement d'un homme en redingote et sans chapeau qui se tenait au premier rang de la foule. Il paraissait triste et accablé et tandis qu'elle s'écoulait, je vis, qu'au soleil, cet homme n'avait point d'ombre. Vite et discrètement, il sortit un revolver de sa poche et se tira une balle dans la bouche.

« Épouvanté, je regardai un moment les gens emporter le cadavre ; ensuite je cherchai ma mère, mais je ne la retrouvai pas et je retournai seul au logis où elle ne rentra pas cette nuit-là.

« Le lendemain, quand ma mère fut de retour, mon père lui fit des reproches que nous trouvâmes très mérités mes sœurs et moi. Mais il se tut bientôt lorsqu'elle eut prononcé durement quelques paroles que je ne compris pas.

« Mon oncle Penso, le rabbin, vint le soir, il était irrité contre mes parents qui m'avaient laissé tenir le lotto. — J'ai vu David, disait-il, il était pareil au veau d'or que nos maîtres adorèrent en l'absence de Moïse. J'attendais l'instant où les gagnants organiseraient des danses autour de David. — Et ces objurgations étaient mêlées de citations de Maïmonide et du Talmud. »

*
* *

« J'offris à Bakar un cigare qu'il refusa en prétextant le sabbat.

*
* *

« — Oï, dit Bakar, je ne me sens pas très bien. Avant de vous en aller, prêtez-moi vos ombres... Je voudrais savoir si j'ai longtemps à vivre. Je connais un peu la sciomancie ou devination par les ombres. Je tiens les principes de cette science de ce même oncle qui n'aimait pas qu'on adorât le veau d'or, mais qui, fort riche et fort avare, ne voyageait qu'en troisième clssse. Un de ses amis lui demandait un jour la raison de cette lésinerie. — Parce qu'il n'y a pas de quatrième, répondit mon oncle. Dans la suite, il émigra en Allemagne, où les trains ont des wagons de quatrième classe.

« Sortons de la boutique et au soleil du sabbat soyons sciomanciens.

« Avez-vous tous votre ombre, au moins ?

« Car ne l'ignorez pas, d'après nos croyances certaines, l'ombre quitte le corps trente jours avant qu'il ne meure. »

*
* *

«Hors de la boutique, nous vîmes avec bonheur que nous possédions encore notre ombre. Bakar nous plaça de façon à ce que les ombres se mêlassent à la sienne, puis il examina cette tache trembleuse. Il disait:

«—Oï, le signe du feu! Oï, le feu, *asch!* Oï, Adonaï! *Asch* qui est le feu en hébreu donne *Aschen* en allemand. Ce sont les cendres, les cendres des morts. Oï, et haschisch est de là vraisemblablement. Ce sera le bon sommeil. Oï! le signe du feu. *Asch, Aschen, haschich* et assassin que j'oubliais vient de là aussi. Oï, oï! Asch, aschen, haschich, assassin, oï, Adonaï, Adonaï!»

«Et comme il était sorti sans chapeau et peut-être en confirmation d'un présage mortel figuré par *asch,* le signe du feu, Bakar éternua bruyamment:

«—Atchi! Atchi!»

«Fort ému, je lui dis:

«—Dieu vous bénisse!

«Mais Bakar rentra dans sa boutique en disant :

«— J'ai encore longtemps à vivre.»

«Puis, voyant que le soleil allait disparaître, il nous dit :

«— A une autre fois.»

«Car c'était l'heure de la prière, et en nous en allant, nous pûmes le voir, tandis que, couvert d'un vieux chapeau haut de forme, il lisait, debout sur le seuil de sa boutique, un livre hébreu qu'il commença régulièrement par la fin.

*
* *

«Nous marchions sans parler, et lorsque au bout d'un moment je voulus revoir nos ombres, je vis avec un plaisir singulièrement atroce que celle de Louise l'avait quittée.»

213

A Louis Chadourne

La Fiancée posthume

LA FIANCÉE POSTHUME

Un jeune Russe qui voyageait sur le continent alla passer l'hiver à Cannes. Il prit pension chez un professeur qui, pendant la saison, donnait des leçons de français aux étrangers.

Ce professeur, d'une cinquantaine d'années, se nommait Muscade. Il avait des mœurs simples et aurait passé partout inaperçu s'il n'eût toujours empesté l'ail.

Mme Muscade était une douce créature qui âgée de trente-huit à quarante ans n'en accusait pas plus de trente à trente-deux. Elle était blonde, de chairs épanouies, la taille mince, mais sa poitrine et ses hanches saillaient. Pourtant rien en elle n'était provocant et elle paraissait triste,

Le jeune Russe la remarqua et il la trouvait jolie.

Les Muscade habitaient une petite villa située du côté de Suquet, et d'où l'on avait vue sur la mer, les îles de Lérins et les longues plages de sable sur lesquelles des troupes d'enfants nus et minces s'ébattent l'été, avant le crépuscule. La villa avait un jardin planté de mimosas, d'iris, de roses et de grands eucalyptus.

Le pensionnaire des Muscade passa tout l'hiver à se promener, à fumer et à lire. Il ne voyait pas les jolies filles dont la ville est pleine, il ne regardait pas les belles étrangères. Ses yeux ne gardaient que l'éblouissement du mica qui scintille partout, sur le sable marin, sur le sol des rues et sur les murs, et sa pensée, tandis qu'il marchait repoussé par le vent qui vient de la mer, était toute à Mme Muscade. Mais cet amour était doux, exquis, sans fièvre, et il n'osait en faire l'aveu.

*
* *

Les eucalyptus tapissèrent le sol de petits cheveux odoriférants. Il y en avait tant, qu'éteignant l'éclat du mica, ils recouvraient entièrement les allées des jardins, et le mimosa enflammait toutes ses fleurs embaumées.

Un soir, dans la pénombre d'une chambre dont la fenêtre était ouverte, le jeune homme vit Mme Muscade allumer une lampe. Elle avait des gestes lents ; sa silhouette paraissait une vision gracieuse et nonchalante. Il pensa : « Ne différons plus ». Et s'approchant d'elle, il lui dit :

« Quel joli nom, Mme Muscade. C'est presque un petit nom. Il vous sied ce nom à vous dont les cheveux sont un peu de soleil à l'orient. A vous qui êtes aromatique comme ces noix muscades les plus parfumées : celles qu'un pigeon a digérées et rendues intactes. Tout ce qui a bonne odeur a votre odeur. Et vous devez avoir la saveur de tout ce qui est délectable. Je vous aime, Madame Muscade ! »

*
* *

Mᵐᵉ Muscade ne manifesta aucune émotion de [de de] courroux ni de gaieté, et après avoir jeté un coup d'œil par la fenêtre, quitta la chambre.

Le jeune homme demeura un instant tout interdit; il eut ensuite envie de rire, puis alluma une cigarette et sortit.

Vers cinq heures, il revint et vit M. et Mᵐᵉ Muscade appuyés à la grille de la villa. Dès que ceux-ci l'aperçurent ils sortirent dans la rue qui était toujours déserte. Mᵐᵉ Muscade ferma la grille de la villa et vint se placer près de son mari qui parla:

— Monsieur, j'ai quelque chose à vous dire.

— Dans la rue? fit le jeune homme.

Et il regarda Mᵐᵉ Muscade qui, placide, ne bronchait pas.

— Oui, dans la rue, affirma M. Muscade.

Et il commença :

«Monsieur, soyez assez bon pour écouter mon histoire jusqu'au bout, notre histoire, puisque c'est aussi celle de Mme Muscade.

«J'ai cinquante-trois ans, monsieur, et Mme Muscade en a quarante. Il y a vingt-trois ans aujourd'hui que nous nous fiançâmes, ma femme et moi. Elle était la fille d'un maître de danse ; moi j'étais orphelin, mais mon état me fournissait l'aisance nécessaire à un ménage. Ce fut un mariage d'amour, monsieur,

«Vous la voyez maintenant jolie et encore désirable. Mais si vous l'aviez vue alors, monsieur, avec ses cheveux en torsades dont on ne trouverait la teinte dans aucun tableau ! Tout passe, monsieur, et ses cheveux d'à présent, je vous le jure, ne donnent aucune idée de ce qu'ils étaient lorsqu'elle avait dix-sept ans. Ces cheveux, c'était alors du miel. Ou bien encore on eût hésité à dire s'ils se rapportaient à la lune ou au soleil.

»Je l'adorais, monsieur. Et j'ose affirmer que de son côté elle m'aimait. Nous nous épousâmes. Ce fut une joie sans limites, une allégresse de tous nos sens, un bonheur pareil à un rêve, un rêve sans désillusion. Nos affaires prospéraient et nos amours durèrent.

*
* *

« Au bout de quelques années, monsieur, il plut à Dieu de remplir la coupe de notre bonheur déjà si pleine. Mme Muscade me rendit père d'une fillette adorable que nous appelâmes Théodorine, parce que Dieu nous l'avait donnée. Mme Muscade voulut la nourrir et, le croiriez-vous, monsieur, je devins encore plus heureux d'aimer cette nourrice adorable d'un bébé angélique. Ah ! quel charmant tableau lorsque, le soir, sous la lampe, après avoir donné à teter à l'enfantelette, Mme Muscade la déshabillait ! Nos bouches se rencontraient souvent sur le corps doux, poli, odoriférant de la petite et des baisers joyeux claquaient sur ses petites fesses, sur ses jambettes, sur ses cuissettes potelées, partout, partout. Et nous trouvions des mots adorables : petite démone, pupille de mon œil, belette, hermine, et tant d'autres !

« Puis ce fut le premier pas, la première parole et puis, hélas, monsieur, elle mourut à l'âge de cinq ans.

« Je la vois encore sur son petit lit, morte et belle comme une petite martyre. Je revois le petit cercueil. Et on nous l'enleva, monsieur, et nous avons perdu toute joie, tout notre bonheur, que nous ne retrouverons qu'au ciel où notre Théodorine continue à vivre.

*
* *

« Du jour de sa mort, nos âmes se sont senties vieilles et nous n'avons plus rien aimé de la vie. Et pourtant nous ne voulons pas la perdre. Notre existence est devenue triste, mais elle est si calme qu'elle en est délicieuse.

«Les années ont passé, atténuant une douleur toujours présente et qui nous fait pleurer quand nous parlons de notre fille.

«Souvent nous parlions d'elle :

«—Elle aurait maintenant douze ans, ce serait l'année de sa première communion. »

«Et cette fois-là nous pleurâmes toute la journée sur sa tombe dans notre cimetière parfumé.

«—Elle aurait aujourd'hui quinze ans et serait déjà peut-être demandée en mariage. »

*
* *

«C'est moi qui ai dit cela, il y a deux ans ; ma femme sourit tristement et nous eûmes la même idée. Le lendemain, nous mettions une pancarte : *Chambre à louer pour monsieur seul.* Et nous eûmes plusieurs jeunes gens comme locataires, des Anglais, un Danois, un Roumain. Et nous pensions :

«—Elle aurait seize ans. Qui sait ? notre pensionnaire lui plairait peut-être ? — »

« Puis vous êtes venu, monsieur, et nous avons souvent pensé :

« — Théodorine aurait dix-sept ans et sûrement si elle n'était pas encore mariée, son cœur élirait ce jeune homme doux, bien élevé et de tout point digne d'elle. »

« Vous êtes ému, monsieur, je vois cela. Vous avez bon cœur...

*
* *

« Hélas ! je me trompais. Voyez-vous, monsieur, ce que vous avez voulu faire cet après-midi, c'était presque un crime. Car voilà la vérité, monsieur, Mme Muscade m'a tout dit. Vous avez désolé le cœur de cette femme exquise. Vous désolez mon âme, monsieur, et vous comprenez vous-même qu'après ce qui s'est passé il n'est plus possible que vous entriez dans ma maison. Voyez, la grille est close et c'est fini : jamais plus vous ne passerez dans mon jardin. Vous le pensiez un jardin de délices défendues, monsieur, et cette pensée vous en a chassé. Vous ne voudriez pas rentrer dans cette maison calme où vous avez contristé cette femme qui vous aimait déjà, je le sais, comme une mère aime son fils. Hélas ! j'aurais voulu vous voir dans ma maison longtemps encore, mais, vous le sentez, vous en êtes persuadé, c'est impossible, c'est fini. Cette nuit vous trouverez à vous loger dans un hôtel et vous me ferez dire où vous êtes descendu. Je vous enverrai votre bagage. Adieu, monsieur. Venez, Madame Muscade, la nuit tombe. Adieu, Monsieur, soyez heureux, adieu ! »

A Louis Dumur.

L'Œil bleu

L'ŒIL BLEU

J'aime entendre les vieilles dames parler du temps où elles étaient petites filles.

*
* *

« J'avais douze ans et j'étais pensionnaire dans un couvent du Midi de la France, m'a raconté une de ces respectables dames à bonne mémoire. Nous vivions là, séparées du monde, et nos parents seuls pouvaient nous visiter, une fois par mois.

« Nos vacances elles-mêmes se passaient dans ce couvent qu'entouraient d'immenses jardins, un verger et des vignes.

« Je puis dire que je ne suis sortie de cette enceinte de calme que pour me marier, à l'âge de dix-neuf ans, et j'y étais depuis l'âge de huit ans. Je m'en souviens encore : lorsque j'eus franchi le seuil de la grande porte qui s'ouvrait sur l'univers, le spectacle de la vie, l'air que je respirais et qui me semblait si nouveau, le soleil qui me parut plus lumineux qu'il n'avait jamais été, la liberté enfin me saisit à la gorge. J'étouffais et je serais tombée éblouie, étourdie, si mon père, à qui je donnais le bras, ne m'eût retenue et ne m'eût ensuite menée vers un banc qui se trouvait là et où je m'assis un instant pour reprendre mes esprits.

«A douze ans donc, j'étais une petite fille espiègle et innocente et toutes mes compagnes étaient comme moi.

«Les études, les récréations, les exercices de dévotion se partageaient notre temps.

«Cependant c'est vers cette époque que le démon de la coquetterie pénétra dans la classe où j'étais, et je n'ai pas oublié la ruse dont il se servit pour nous apprendre que les petites filles que nous étions deviendraient bientôt des jeunes filles.

«Aucun homme ne pénétrait dans l'enceinte du couvent, sinon le vénérable aumônier qui disait la messe, prêchait, et auquel nous disions nos peccadilles. Il y avait encore trois vieux jardiniers, peu faits pour nous donner une haute idée du sexe fort. Nos pères venaient nous voir aussi, et celles qui avaient des frères en parlaient comme d'êtres surnaturels.

«Un soir, à la tombée de la nuit, nous revenions de la chapelle et nous marchions à la queue leu leu, nous dirigeant vers le dortoir.

«Soudain, au loin, derrière les murs qui entouraient les jardins du couvent, un son de cor se fit entendre. Je m'en souviens comme si cela s'était passé hier: la fanfare héroïque et mélancolique éclata dans le profond silence, au crépuscule, tandis que le cœur de chaque petite fille battait plus fort qu'auparavant. Et cette fanfare qui, répercutée par les échos, mourait dans le lointain, évoquait pour nous je ne sais quel cortège fabuleux...

« C'est d'eux que nous rêvâmes cette nuit-là...

*
* *

« Le lendemain, une petite blonde, qui s'appelait Clémence de Pambré, étant sortie un instant de la classe, revint toute pâle et chuchota à sa voisine, Louise de Pressée, que dans le couloir sombre elle avait rencontré un œil bleu. Et bientôt toute la classe connut l'existence de l'œil bleu.

« On n'écoutait plus la Mère qui nous enseignait l'histoire. Les élèves faisaient à présent des réponses saugrenues, et moi-même, qui n'étais pas très forte en cette branche-là, comme on me demandait à qui avait succédé François Ier, je dis à tout hasard, mais sans conviction, que c'était à Charlemagne, et ma voisine, chargée d'éclairer mon ignorance, fut d'avis qu'il avait succédé à Louis XIV. On avait bien autre chose à faire que de penser à la chronologie des rois de France : on songeait à l'œil bleu.

*
* *

«Et en moins d'une semaine, chacune de nous eut l'occasion de le rencontrer, cet œil bleu.

«Nous avions toutes la berlue, c'est certain, mais nous le vîmes toutes. Il passait vite, tachant l'ombre dans les couloirs de son bel azur. Nous en étions épouvantées et aucune de nous n'osait en parler aux religieuses.

«On se creusait la tête pour savoir à qui cet œil effrayant pouvait appartenir. Je ne sais plus laquelle de nous émit l'opinion que ce devait être l'œil d'un des chasseurs qui avaient passé quelques soirs auparavant au milieu des fanfares de cors, dont les éclats lyriques à faire pleurer persistaient en nos mémoires. Et il en fut ainsi décidé.

«Nous nous persuadâmes toutes qu'un des chasseurs était caché dans le couvent et l'œil bleu était son œil. Nous ne songeâmes point que l'œil unique dénotait un borgne ni que les yeux ne volent point à travers les corridors des vieux couvents et n'errent point détachés de leurs corps.

«Et cependant nous ne pensions qu'à cet œil bleu et au chasseur qu'il évoquait.

«C'était fini d'avoir peur de l'œil bleu. On aurait bien voulu qu'il s'arrêtât pour nous fixer et nous faisions en sorte de sortir souvent seules dans les couloirs pour rencontrer l'œil merveilleux qui nous charmait désormais.

*
* *

«Bientôt la coquetterie s'en mêla. Aucune de nous n'aurait voulu être vue par l'œil bleu tandis qu'elle avait les mains tachées d'encre. Chacune faisait son possible pour paraître à son avantage en traversant les couloirs.

«Il n'y avait ni glace ni miroir au couvent, et notre ingéniosité naturelle y suppléa bientôt. Chaque fois que l'une de nous passait près d'une porte vitrée qui donnait sur un palier, un pan de tablier noir plaqué derrière la vitre formait ainsi un miroir improvisé où l'on se regardait vite, vite, en s'arrangeant la chevelure, en se demandant si l'on était jolie.

*
* *

«L'histoire de l'œil bleu dura bien deux mois; puis on le rencontra de moins en moins, et enfin l'on n'y pensa plus que très rarement, et quand on en parlait encore, de loin en loin, ce n'était jamais sans frissonner.

«Mais dans ce frisson il entrait de la crainte et aussi quelque chose qui ressemblait à du plaisir, le plaisir secret de parler d'une chose défendue.»

*
* *

Vous n'avez jamais vu passer l'œil bleu, ô petites filles d'aujourd'hui !

Au docteur Palazzoli

L'Infirme divinisé

L'INFIRME DIVINISÉ

Par une matinée de printemps, une automobile qui passait sur la route de Paris à Cherbourg fit explosion dans la commune de Chatou, sur la limite du Vésinet. Les deux voyageurs qui occupaient le coupé furent tués. Quant au chauffeur, on le ramassa à moitié mort; il demeura trois mois sans connaissance, et lorsque, dans une petite voiture poussée par sa femme, il put enfin quitter l'hôpital, il lui manquait la jambe gauche, le bras gauche, l'œil gauche et il était devenu sourd de l'oreille gauche.

Dès lors, il vécut dans une maisonnette qu'il possédait au bord de la mer, près de Toulon, et grâce à la petite aisance procurée par le montant de l'assurance qu'il avait touchée. Les cicatrices laissées par la section de ses membres étant toujours douloureuses, il lui avait été impossible de supporter une jambe en bois ni un bras postiche, et il s'était, en peu de semaines, accoutumé à sautiller au lieu de marcher.

*
* *

Les voisins et les passants regardaient curieusement cet infirme qui, en se promenant, paraissait sauter à la corde, et cette sorte de danse communiqua à son intelligence une telle vivacité que le renom de son esprit, de l'à-propos de ses réparties, de la finesse de ses plaisanteries se répandit très vite. On venait le voir, l'interroger non seulement de Toulon, mais encore de tous les villages environnants, et l'on comprit bientôt que cet homme, nommé Justin Couchot et qu'on ne tarda pas à surnommer l'Éternel, avait, avec ses membres de gauche, entièrement perdu la notion du temps.

*
* *

Les deux mois qu'il avait passés sans connaissance avaient aboli en lui tout souvenir de sa vie antérieur à l'accident dont il était sorti estropié, et s'il avait retrouvé en partie l'usage du langage qu'il entendait autour de lui, il lui était maintenant impossible de relier entre eux les divers événements qui remplissaient désormais son existence. De ses actions saccadées il n'apercevait plus la succession.

A vrai dire, il semble impossible de croire qu'elles lui parussent simultanées et le seul mot qui, dans la pensée des hommes accoutumés à l'idée du temps, puisse rendre ce qui se passait dans le cerveau de Justin Couchot est celui d'éternité. Ses actions, ses gestes, les impressions qui frappaient son œil, son oreille uniques lui semblaient éternelles et ses membres solitaires étaient impuissants à créer pour lui, entre les divers actes de la vie, cette liaison que deux jambes, deux bras, deux yeux, deux oreilles suscitent dans l'esprit des hommes normaux et de quoi résulte la notion du temps.

Bizarre infirmité, qui méritait qu'on l'appelât divine !

*
* *

Sa popularité augmentait chaque jour et il prit l'habitude d'exciter la curiosité publique. Quand le temps était beau, il s'en allait par bonds, s'élançant vers le firmament, où l'on place Dieu, auquel il ressemblait mentalement, et retombait sur la terre aussitôt, divinité sans puissance qu'emprisonnait un corps infirme et faible à faire pitié.

Et si on l'interpellait pour l'interroger, il s'arrêtait et demeurait des heures entières perché sur sa jambe comme un échassier.

*
* *

On lui demandait:

« Eh! l'Éternel, qu'as-tu fait hier? »

Il répondait:

« Enfants, je crée la vie. Je veux que la lumière soit et l'obscurité se tient auprès, mais hier n'est pas pour moi, non plus que demain, et rien n'existe qu'aujourd'hui. »

Et il s'accordait si bien avec la nature qu'elle lui était un effet de sa volonté, à quoi l'événement répondait sans cesse avant qu'il pût connaître le regret ou le désir.

Une belle jeune femme minauda un jour :

« L'Éternel, que pensez-vous de moi ? »

Il lui dit :

« Million d'êtres que tu es, de toute taille et de tant de visages : d'enfant, de jeune fille, de femme et de vieille, vous vivez et tu es morte, vous riez et vous pleurez, vous aimez et vous haïssez et tu n'es rien et vous êtes tout. »

Un homme politique voulut savoir à quel parti allaient ses sympathies.

« A tous, répondit l'Éternel, et à aucun, car ils sont comme l'ombre et la lumière et doivent vivre ensemble sans que rien puisse changer. »

Il arriva qu'on lui raconta l'histoire de Napoléon :

« Sacré Bonaparte ! s'écria Justin Couchot. Il ne cesse de gagner des batailles, d'être vaincu et de mourir à Sainte-Hélène. »

Et comme quelqu'un, étonné, le questionnait sur la mort, il s'en alla à petits sauts, disant :

« Des mots, des mots ! Comment voulez-vous mourir ? On est, cela suffit ; on est comme le vent, la pluie, la neige, Napoléon, Alexandre, la mer, les arbres, les villes, les fleuves, les montagnes. »

Le monde entier et toutes les époques étaient ainsi pour lui un instrument bien accordé que son unique main touchait avec justesse.

*
* *

Justin Couchot disparut il y a un an et l'on n'a jamais pu savoir ce qu'il est devenu. Les autorités, non sans raison, supposèrent qu'il s'était noyé, mais son corps bizarre à membres uniques n'a pas été retrouvé. Ses parents, voisins et ceux qui l'avaient rencontré ne croient pas à la mort de l'*Éternel* et n'y croiront jamais.

A Ferdinand Molina

Sainte Adorata

237

SAINTE ADORATA

Je visitai, un jour, la petite église de Szepeny, en Hongrie, et l'on m'y montra une châsse très vénérée.

«Elle contient, me dit le guide, le corps de sainte Adorata. Voilà près de soixante ans qu'on découvrit son tombeau tout près d'ici. Sans doute fut-elle martyrisée aux premiers temps du christianisme, à l'époque de l'occupation romaine, où la région de Szepeny fut évangélisée par le diacre Marcellin, qui avait assisté à la crucifixion de saint Pierre.

«Selon toute vraisemblance, sainte Adorata se convertit à la voix du diacre, et après le martyre des prêtres romains enterrèrent le corps de la bienheureuse. On suppose qu'Adorata n'est que la traduction latine d'un nom païen qui était le sien, car on ne pense pas qu'elle ait reçu d'autre baptême que celui du sang. Un tel nom n'éveille point d'idées chrétiennes; cependant la bonne conservation du corps, qui fut retrouvé intact après tant de siècles où il avait été sous terre, montrait assez qu'il s'agissait d'une des élues qui, mêlées à la troupe des vierges, chantent, dans le paradis, la gloire divine. Et voici dix ans que sainte Adorata a été canonisée à Rome.»

J'écoutai distraitement ces explications. Sainte Adorata ne

m'intéressait pas outre mesure et j'allais sortir de l'église quand mon attention fut attirée par un profond soupir qui se mourait auprès de moi. Celui qui l'avait exhalé était un petit vieillard coquettement habillé qui s'appuyait sur une canne à pommeau de corail en regardant fixement la châsse.

*
* *

Je quittai l'église et le petit vieillard sortit derrière moi. Je me retournai pour apercevoir encore une fois sa silhouette élégante et surannée. Il me sourit. Je le saluai.

— Croyez-vous, monsieur, aux explications que vous a fournies le sacristain ? me demanda-t-il enfin en un français où les R roulaient à la hongroise.

« Mon Dieu ! lui répondis-je, je n'ai aucune opinion sur ces questions dévotes. »

Il reprit :

« Vous n'êtes que de passage parmi nous, monsieur, et je désire depuis si longtemps révéler la vérité de tout cela à quelqu'un que je veux vous la dire, sous condition que vous n'en parlerez à personne dans ce pays. »

Ma curiosité s'était éveillée et je promis tout ce qu'il voulut.

« Eh bien ! monsieur, me dit le petit vieillard, sainte Adorata a été ma maîtresse. »

*
* *

Je me reculai, pensant avoir affaire à un insensé. Mon étonnement le fit sourire, tandis qu'il me disait d'une voix un peu tremblante :

« Je ne suis pas fou, monsieur, et je vous ai dit la vérité. Sainte Adorata a été ma maîtresse !

« Que dis-je ? Si elle l'avait voulu, je l'aurais épousée !...

« J'avais dix-neuf ans quand je la connus. J'en ai aujourd'hui plus de quatre-vingts et je n'ai jamais aimé d'autre femme qu'elle.

« J'étais le fils d'un riche châtelain des environs de Szepeny. J'étudiais la médecine. Et un labeur acharné m'avait épuisé à un tel point que les médecins m'engagèrent à me reposer et à voyager pour changer d'air.

« J'allai en Italie. C'est à Pise que je rencontrai celle à qui aussitôt je donnai ma vie. Elle me suivit à Rome, à Naples. Ce fut un voyage où l'amour embellissait les sites... Nous remontâmes jusqu'à Gênes et je pensais à l'emmener ici, en Hongrie, pour la présenter à mes parents et l'épouser, lorsqu'un matin je la trouvai morte auprès de moi... »

*
* *

Le vieillard interrompit un instant son récit. Lorsqu'il le reprit, sa voix chevrotait plus qu'auparavant et on l'entendait à peine.

*
* *

« ... Je parvins à cacher le décès de ma maîtresse aux gens de l'hôtel, mais je n'y parvins qu'en employant des ruses d'assassin. Et quand je pense à tout cela, je frissonne encore. On ne me soupçonnait d'aucun crime et l'on crut que ma compagne était partie le matin de très bonne heure.

« Je ne vous donne point le détail des heures affreuses passées auprès du corps, que j'avais enfermé dans une malle. Bref, je fus si habile que l'opération de l'embaumement passa inaperçue. Le va-et-vient, le nombre important des voyageurs dans un grand hôtel leur laisse une liberté relative, une impersonnalité qui me furent très utiles

241

dans la circonstance.

« Ensuite ce fut le voyage et les difficultés suscitées par la douane, que je pus, grâce au Ciel, franchir sans encombre. C'est une histoire miraculeuse, monsieur !... Et quand je fus de retour chez moi, j'étais devenu maigre, pâle, méconnaissable.

« En passant à Vienne, j'avais acheté, chez un antiquaire, un sarcophage de pierre qui provenait de je ne sais plus quelle collection célèbre. Chez moi, on me laissait faire ce que je voulais, sans s'inquiéter de mes desseins, et personne ne s'étonna ni du poids, ni de la quantité des bagages que j'avais rapportés d'Italie.

« Je gravai moi-même l'inscription ADORATA et une croix sur le sarcophage où j'enfermai, entouré de bandelettes, le corps de l'adorée...

« Une nuit, par un effort insensé, je transportai mon amour dans un champ voisin, de façon à retrouver l'emplacement que j'étais seul à connaître. Et, seul, je venais chaque jour prier à cet endroit.

*
* *

« Un an s'écoula... Un jour, je dus partir pour Budapest... Et quel ne fut point mon désespoir quand je revins, au bout de deux ans, de voir qu'une usine s'était élevée à la place même où j'avais enterré le trésor que j'aimais plus que ma vie !...

« Je devins à peu près fou et je songeais à me tuer lorsque, le soir, le curé, étant venu nous visiter, me raconta comment, pendant qu'on creusait le champ voisin pour y établir les fondations de l'usine, on avait trouvé le sarcophage d'une martyre chrétienne de l'époque romaine, nommée Adorata, et que l'on avait transporté cette châsse précieuse dans la modeste église du village.

« D'abord je fus sur le point de révéler au curé sa méprise. Mais je me ravisai, pensant que, dans l'église, j'aurais mon trésor sous les yeux quand je voudrais.

« Mon amour me disait que l'adorée n'était pas indigne des honneurs dévots qu'on lui rendait. Et, encore aujourd'hui, je l'en crois digne, à cause de sa grande beauté, de sa grâce unique et de l'amour profond qui l'a peut-être fait mourir. Au demeurant, elle était bonne, douce et pieuse, et si elle n'était pas morte je l'aurais épousée.

« Je laissai les événements suivre leur cours et mon amour se changea en dévotion.

« Celle que j'avais tant aimée fut déclarée vénérable. Ensuite on la béatifia et, cinquante ans après la découverte de son corps, elle fut canonisée. Je me rendis moi-même à Rome pour assister à la cérémonie, qui est le plus beau spectacle qu'il m'ait été donné de contempler.

«Par cette canonisation, mon amour entrait au ciel. J'étais heureux comme un ange du paradis et vite je m'en revins ici, plein du bonheur le plus sublime et le plus étrange qui soit au monde, prier devant l'autel de sainte Adorata...»

*
* *

... Les larmes aux yeux, le petit vieillard coquettement vêtu s'éloigna, frappant le sol de sa canne à pommeau de corail et répétant encore : «sainte Adorata!... sainte Adorata!»

A Maurice Raynal

Les Souvenirs bavards

LES SOUVENIRS BAVARDS

Lorsque je fus à Londres, je pris pension dans un *boarding-house* qui m'avait été recommandé et l'on me donna une chambre confortable où je dormis très bien.

*
* *

Le lendemain, je fus réveillé de bonne heure par le bruit d'une conversation qui avait lieu dans la chambre voisine.

Je comprenais bien ce qui s'y disait, en anglais d'Amérique prononcé avec le mol accent de l'Ouest. Le dialogue avait lieu entre un homme et une femme qui parlaient passionnément.

— Olly, pourquoi être partie sans me prévenir : pourquoi, pourquoi ?

— Pourquoi, Chislam ? Parce que mon amour pour vous eût entravé ma liberté et qu'elle m'est plus chère que l'amour.

— Ainsi, blonde Olly, vous m'aimiez et cet amour est cause que je vous ai perdue ?

— Oui, Chislam, j'eusse fini par céder à vos instances et je vous eusse épousé. Mais en le faisant, c'est à mon art que j'aurais renoncé.

— Sauvage Olly, je vous attendrai toujours.

Et le dialogue continuait sur ce ton : l'indépendante Olly se refusant à accepter les propositions matrimoniales de l'amoureux Chislam.

Ce que je savais de la pruderie anglo-saxonne me força d'abord à m'étonner que dans la pension l'on tolérât des visites de femme chez mon voisin ; puis je n'y pensai plus.

*
* *

Mon étonnement augmenta lorsque le matin suivant je fus réveillé par une nouvelle conversation qui s'échangeait cette fois en français, mais avec l'accent particulier des Américains de l'Ouest.

Chislam parlait encore avec une femme.

— Vous ne m'aimez plus, monsieur Chislam ! Vous êtes toujours autour d'Olly, la petite dresseuse de chiens, qui est maigre comme un manche à balai. Il y a un mois encore, vous tombiez en extase pendant que je chantais ma romance et c'est bien l'amour qui vous poussait à cela, car je n'ai pas la voix très juste.

— J'ai fini par m'en apercevoir, mademoiselle Criquette. En outre, vous ne m'aimez pas. Vous vous jouez de moi par coquetterie.

— Ainsi, vous avez oublié la promesse de mariage que vous me fîtes et cette maison de campagne dans un village au bord de la Loire où nous devions passer notre lune de miel?

— Mademoiselle Criquette, j'ai décidé que si je me mariais, je me retirerais dans le Maine, mais le Maine des États-Unis d'Amérique.

— Et puis vous avez raison, allez, monsieur Chislam, car je ne vous aurais pas épousé avec votre bobine, votre bobine, votre bobine!...

Suivaient d'autres répliques, et en m'habillant je pensais: «Cette Française a un drôle d'accent. Elle a dû séjourner longtemps en Californie... Dieu! quelle prédilection elle marque pour le mot de bobine et que ce Chislam est inconstant! Mais ce *boarding house*, en somme, est une pension peu recommandable.»

*
* *

Le jour qui suivit, je fus brusquement éveillé comme je l'avais été la veille. Cette fois, la conversation s'échangeait en Italien et toujours avec le déplorable accent des Yankees de l'Ouest.

—Belle Locatelli, cédez à mon amour. Marions-nous! Nous renoncerons aux voyages et irons cacher notre bonheur dans une villa que j'achèterai en Californie, à San-Diégo. Je veux une vue sur la baie qui est admirable et nous cultiverons des orangers.

—C'est impossible, signor Chislam, je suis fiancée à un de mes compatriotes qui est officier à Bologne. Il n'a que sa solde et nous attendons, pour nous marier, que j'aie réuni la dot réglementaire.

—Ainsi, adieu, signorina Locatelli; un pauvre pitre comme moi n'espère point l'emporter dans votre cœur sur un brillant officier. Adieu, signorina. Et pour que vous soyez heureuse le plus tôt possible, permettez-moi de compléter la dot dont vous me parlez.

Je pensai:

« Ce singulier Lovelace est un brave homme; toutefois, sa manie du mariage quotidien est fort incommode: elle m'éveille en sursaut et bien avant l'heure où j'ai coutume de me lever. »

Mais la nuit suivante je ne pus fermer l'œil. M. Chislam s'entretenait avec un homme, en nouvel anglais des États-Unis et avec l'accent de l'Ouest.

—Oui, Chislam, vous n'êtes qu'un malheureux qui mourrez seul, sans famille, sans amour.

—Vous avez raison, Chislam, et il faut bien que je me résigne. J'ai amusé dans ma vie des millions d'êtres dans les cinq parties du monde et je n'ai pas trouvé une épouse.

—Chislam, vous avez été la joie universelle, le rire même du monde tout entier. C'était trop pour une femme. Ce qui est pour tous peut bien, par l'énormité, effrayer un seul.

—Ainsi, Chislam, moi qui me croyais le plus comique des hommes, j'en suis le plus navré!

—Hélas! Chislam, je pense comme vous! Votre fantaisie qui déchaînait une allégresse inouïe jusqu'alors chez tous les peuples n'a pas suffi pour qu'une simple fille vous trouvât aimable. Perdue dans le public, elle pouvait rire avec lui; mais si, en tête à tête, vous parliez d'amour, vous n'inspiriez plus qu'une infinie tristesse.

—C'est donc ainsi que va le monde, Chislam?

—Chislam, ainsi va le monde!

—Et je n'ai plus personne pour me consoler, Chislam, sinon moi-même.

—Personne, sinon vous-même, Chislam.

Ce dialogue mélancolique entre les mystérieux Chislam aurait vraisemblablement duré longtemps encore, si, impatienté, je n'avais frappé très fort contre la cloison qui me séparait de mon voisin, en criant:

—Gentlemen, il se fait tôt! il est temps de dormir.

Les deux Chislam se turent aussitôt et je tombai bientôt dans un profond sommeil.

*
* *

Mais, vers huit heures, quelle ne fut pas ma stupéfaction lorsque, réveillé en sursaut, j'entendis que mon voisin avait repris son marivaudage matrimonial avec l'indépendante Olly, celle qui avait été la première dont j'eusse entendu la voix.

Je m'habillai le plus vite qu'il me fut possible et allai trouver la respectable hôtesse du *boarding house*:

—Il m'est impossible de dormir dans la chambre que vous m'avez donnée. Dès l'aube, mon voisin parle avec des visiteuses et la nuit il s'entretient avec des visiteurs.

—Vous avez le sommeil léger, monsieur. On vous donnera une autre chambre à un autre étage que celui où vous êtes logé.

«Votre voisin est un homme estimable.

«C'est le fameux comique Chislam Borrow. Il est né en Californie et ses tours, ses grimaces, les scènes que sa ventriloquie et sa hâte à changer de déguisement lui permettaient de jouer seul l'avaient rendu célèbre sur toute la terre. Il est très instruit et il connaît plusieurs langues.

«Puis, l'âge est venu avec la fortune. Chislam Borrow est maintenant un vieux célibataire. Il n'a ni parents ni amis. Il a pris pension ici, voici déjà trois ans, et ne parle à personne sinon avec lui-même. Sa ventriloquie lui fournit le moyen d'avoir de la compagnie quand il lui plaît.

« Il lui arrive souvent de converser avec une de celles qu'il aurait voulu épouser; parfois encore, il parle avec lui-même et ce sont ses dialogues les plus tristes.

« Chislam Borrow est bien à plaindre, monsieur, car vous le pensez comme moi, ces souvenirs bavards ne valent point, malgré leur variété, le simple langage d'une épouse dont les cheveux auraient blanchi en même temps que ceux de l'ancien comique, si désolé — et qui consolerait maintenant sa vieille vie... »

Quelque temps après je quittai Londres, sans avoir vu Chislam Borrow.

Au docteur Chapeyron

La rencontre au Cercle mixte

LA RENCONTRE AU CERCLE MIXTE

Après avoir gagné dans les mines de la Colombie une assez grosse fortune, l'ingénieur hollandais Van der Vissen s'embarqua pour Paris qu'il avait visité dans sa jeunesse. Il voulait s'y amuser à quarante-cinq ans, dont plus de vingt s'étaient écoulés en Amérique.

Van der Vissen était un homme de grande taille, blond, fort, querelleur, joueur et dépourvu de scrupules. Son établissement à Paris avait été le but de sa vie. Il pensait que les plaisirs que l'on y trouve sont supérieurs à ceux qui s'offrent aux voluptueux sur les autres points du globe.

*
* *

Le lendemain de son arrivée, l'ingénieur hollandais rencontra sur le boulevard'un ancien ouvrier de Panama qui, vêtu en gentleman, paraissait fort cossu. Et, s'il n'avait pas fait fortune, il fréquentait où elle se défait, car il était devenu rabatteur d'un grand tripot, un cercle mixte qui fonctionnait toutes les nuits, non loin du Trocadéro. Décider Van der Vissen à s'y faire présenter fut une chose aisée. Attiré par la passion du jeu et celle des femmes, le Hollandais, qui avait dans son portefeuille, en billets de banque, tout ce qu'il possédait, vint, un soir, au cercle.

Les formalités ayant été facilitées par l'administration du tripot, Van der Vissen pénétra dans la salle de jeu où la partie battait son plein. Il se mit à jouer et, le hasard secondant son audace, il gagna d'abord avec une veine insolente. Ensuite, il prit la banque et, la chance tournant soudain, il connut la déveine la plus noire. Quand il céda la place, la malchance le poursuivit, et plus il perdait plus il s'entêtait à jouer gros jeu. Les billets de banque lui fondaient dans les doigts comme s'ils avaient été de neige. Puis, lorsqu'il fut décavé, il s'efforçait de ne point le montrer, et c'est en souriant qu'il essuyait la sueur de son visage.

*
* *

Près de lui, grande et souple, se tenait une jeune femme brune, aux yeux cernés, minaudière à souhait, élégante et couverte de bijoux. Van der Vissen l'observa. Elle jouait furieusement et gagnait tout ce qu'elle voulait.

La beauté de la femme et sa veine extraordinaire firent une vive impression sur l'esprit du Hollandais. Comme il s'était montré joueur et qu'il la fixait avec obstination, la belle joueuse lui sourit.

Van der Vissen la désira de toutes ses forces, elle, ses bijoux et le gain qu'elle emporterait. Ses instincts d'aventurier se réveillèrent. Il ressentait maintenant pour cette femme, son or et ses joyaux une passion folle qu'il fallait assouvir.

La vie d'aventures prolonge la jeunesse et Van der Vissen n'avait rien d'un vieillard. Avec une galanterie de sauvage, pleine de gaucherie, avec des phrases emphatiques, il attira la jeune femme et proposa de l'accompagner là où elle demeurait.

Elle répondait d'une voix langoureuse dont les inflexions enflammèrent davantage la passion du Hollandais.

Et mêlant les louanges aux promesses, il fit tant qu'à la fin ils partirent ensemble.

*
* *

Elle habitait, rue de la Pompe, un appartement élégant où, dès qu'ils y furent entrés et que la pièce dans laquelle ils pénétrèrent fut éclairée, Van der Vissen se renseigna sur la domesticité ; mais la bonne était couchée dans son sixième.

*
* *

Ils se trouvaient maintenant dans un boudoir meublé de divans larges et bas, de poufs où l'on avait posé, pêle-mêle, des gants, des lettres, des boîtes de cigarettes égyptiennes, des livres de vers modernes.

Comme un joueur affolé qui, pour la première fois, se décide à tricher, Van der Vissen hésita un moment sur ce qu'il allait faire.

Puis, tandis que les bras levés devant la glace, la jeune femme enlevait son chapeau, il se jeta sur elle et tenta de la saisir au cou. Mais elle se retourna vivement et il reçut en pleine figure un coup de poing vraiment viril. En même temps, d'une voix mâle, n'ayant plus rien de commun avec celle qu'on avait affectée jusqu'alors, on injuria crûment l'ingénieur dans les termes les plus grossiers, les plus ignobles.

Il avait affaire à un jeune homme solidement musclé, qui pouvait, en faisant le chichi convenable à son infâme condition, singer la délicatesse d'une femmelette, mais qui, au moment de la lutte, était un peu là.

Et Van der Vissen désira encore cet être, quel qu'il fût.

Désespérément, puisqu'il n'avait plus rien à perdre, et qu'il avait dévoilé ses desseins, désespérément, il voulait au moins avoir le dernier mot dans cette aventure. Et une volupté épouvantable s'empara de lui tandis qu'ils se battaient sauvagement...

*
* *

Il y eut des cris, on entendit des coups de revolver. Et, le lendemain, on trouva ces étranges ennemis morts l'un près de l'autre, comme si le trépas seul pouvait être l'enfant criminel d'une passion si brutale, d'un aussi stérile amour.

A Jean Mollet

Petites Recettes de Magie moderne

PETITES RECETTES DE MAGIE MODERNE

Le manuscrit suivant a été trouvé devant le bureau d'omnibus de la place Pereire, le 10 juillet de cette année.

Je le tiens à la disposition de son propriétaire s'il peut m'en faire la description exacte.

Je n'ai pas idée de la valeur réelle des recettes que l'on va lire. Mais elles m'ont paru suffisamment singulières pour exciter la curiosité.

L'industrie du magicien qui de nos jours s'élève aux proportions de l'un des arts les plus agréables, je dirais presque les plus utiles au monde élégant, la magie, a dû subir de nombreuses transformations pour sortir de l'ornière que le charlatanisme et la routine lui avaient tracée. L'abus que dans le dernier siècle on avait vu faire des tables tournantes, des médiums de toutes sortes, de l'hypnotisme, des cartes, de la chiromancie impromptue, du marc de café souvent nuisible à la santé comme en Turquie par exemple, avait fait naître des préventions fâcheuses et souvent exagérées. Le magicien avait été remplacé par la tireuse de cartes, quand ce n'était pas par la voyante.

Mais depuis que le magicien, dédaignant de rivaliser avec ces concurrents ridicules, demande à la science et aux beaux-arts des combinaisons surprenantes, se préoccupe avant tout de l'hygiène, étudie les matières premières, les coordonne d'une manière rationnelle, depuis enfin que la magie a revêtu des formes nouvelles en parfaite harmonie avec le bon goût et la raison, ces préventions ont beaucoup diminué. Elles disparaîtront complètement quand on voudra distinguer les créations à l'usage des théâtres et des fêtes travesties de celles destinées à la bonne compagnie. A ceux-là, les recettes à résultat immédiat, mais trop violent pour être durable. Aux salons, les combinaisons simples et suaves, les méthodes sérieuses qui, sans qu'il y paraisse, domptent le destin, qui, en un mot, confèrent la puissance et le talent.

L'art du magicien considéré à ce double point de vue, mérite l'estime et l'intérêt des gens sensés. J'espère en apporter une preuve dans ces recettes choisies à l'usage des gens du monde.

Pommade pour éviter les pannes en automobile

Elle est très facile à faire. On prend plusieurs écorces de melon, il n'est pas besoin d'acheter de chapeaux neufs, les vieux étant excellents pour cet usage ; ces melons doivent être très mûrs en effet. Évitez le plus possible que les écorces ne s'imprègnent de votre odeur en les épluchant et pour cela trempez au préalable vos mains dans de la farine. Coupez les écorces par morceaux et mettez-les dans une corbeille au four. Quand elles auront perdu toute leur humidité, pilez-les dans un mortier et passez la poussière dans un tamis très fin. Mélangez enfin à une solution de graisse de cheval. Vous m'en direz des nouvelles.

Santonine des poètes

Il arrive parfois que tel ou tel jeune homme — presque un enfant — obtient un grand succès dans les salons avec ses vers ou ceux des autres, et l'on voudrait en faire autant.

Prenez un peu de santonine et vous ferez des vers ; si la recette ne vous réussit point, allez à l'Institut Pasteur où l'on a étudié très sérieusement les helminthes et, en général, tout ce qui se rapporte à la versification.

Autre recette pour la poésie

On doit toujours porter avec soi un parapluie que l'on n'ouvrira point. Cette recette dévoilée par M. André B. lui aurait été confiée par notre cher M. P. F., prince des poètes.

N. B. — Cette recette des plus efficaces ne s'utilise pas facilement.

Vinaigre pour trouver les pièces de cent sous

Vous prendrez trois livres de glace en branches fraîchement cueillies. Vous les éplucherez et les étalerez pour les faire un peu sécher, ayant soin de les remuer de temps à autre de crainte qu'elles ne s'échauffent. Vous les mettrez ensuite infuser dans douze litres de bon vinaigre d'Orléans. Puis vous distillerez au bain-marie, feu modéré en commençant. Vous tirerez aisément huit litres de cette opération et les pièces de cent sous afflueront à merveille.

Poudre antihygiénique pour avoir beaucoup d'enfants

Haricots de l'année en poudre	3	kg.
Sucre tamisé	1	—
Magnésie	11	centig.

Parfumez le tout avec des pétales de roses sèches. Saupoudrez les draps de votre lit et ne vous levez point avant d'avoir réussi.

Eau-de-vie pour bien parler

Cresson de Para (spilantlius oleiacenus) fleuri et émondé de sa tige	125	gr.
Alcool à 33 degrés	500	—
Macaroni	10	—

Agiter avant de s'en servir, puis s'en bien laver les pieds.

Conjuration pour gagner à la Bourse

Mangerez chaque matin un hareng saur en prononçant quarante fois avant et après l'opération : «Pèse et chique, trinque et bois.» Et au bout du dixième jour le diable sortira de la Bourse.

Recette pour la gloire

Portez sur vous quatre stylographes, buvez eau claire, ayez le miroir d'un grand homme et regardez-vous souvent dedans sans sourire.

Remède pour les arthritiques

Buvez gin à l'eau et en verrez l'effet avant deux mois.

FIN DE LA PETITE MÉTHODE

*
* *

Il est juste d'ajouter que des personnes dignes de foi, parmi lesquelles M. René Dalize, ont fait usage de quelques-unes de ces recettes et en ont reconnu la parfaite efficacité.

A Paul Lombard

La Chasse à l'Aigle

LA CHASSE A L'AIGLE

Je me trouvais à Vienne, en Autriche, depuis huit jours. La pluie ne cessait de tomber, mais le temps était tiède, bien que l'on fût au cœur de l'hiver.

Je tins à visiter Schœnbrunn, et, plein d'émotion, parcourus le parc mouillé et mélancolique où erra ce tragique roi de Rome tombé au rang de duc de Reichstadt.

Du haut de la Gloriette, dont le nom — diminutif ironique — devait le faire songer à la gloire de son père et de la France, je contemplai longtemps la capitale des Habsbourg et, la nuit venue, lorsque les lumières s'allumèrent, je me mis en route pour revenir à mon hôtel, situé au centre de la ville.

*
* *

Je m'égarai dans les faubourgs, et, après bien des détours, j'arrivai dans une rue déserte, large et mal éclairée. J'avisai une boutique et, quoiqu'elle fût très sombre et parût abandonnée, je me préparais à y entrer afin de demander mon chemin, quand mon attention fut attirée par un passant qui me dépassa en me bousculant légèrement. Il était petit de taille et une pèlerine d'officier flottait sur ses épaules. Je marchai plus vite et je le rattrapai. Il m'apparut de profil et dès qu'il me fut donné de distinguer ses traits, je reculai. Au lieu de face humaine, l'être qui se tenait à côté de moi avait un bec d'aigle recourbé, solide, épouvantable et infiniment majestueux.

*
* *

Surmontant mon effroi, je repris ma marche en avant, en examinant attentivement l'étrange personnage à corps humain supportant une tête d'oiseau rapace. Il se tourna aussi de mon côté et, tandis que ses yeux me fixaient, une voix chevrotante de vieillard prononça, en allemand, des paroles dont voici le sens :

« Ne craignez rien, monsieur. Je ne suis pas méchant. Je suis très malheureux. »

Hélas ! la réponse me manqua, aucun son ne sortit de mon gosier, desséché par l'angoisse. La voix reprit, mais impérieuse et avec une nuance de mépris :

« Mon masque vous fait peur ? Ma véritable face vous effrayerait davantage. Aucun Autrichien ne saurait la contempler sans terreur, car, je le sais, je ressemble parfaitement à mon grand-père... »

*
* *

A ce moment, une troupe envahit la rue, courant et criant ; d'autres gens sortirent des boutiques et des têtes se penchèrent aux fenêtres. Je m'arrêtai et regardai derrière moi. Je vis que ceux qui venaient étaient des soldats, des officiers vêtus de blanc, des laquais en livrée et un Suisse gigantesque qui brandissait une longue canne à pommeau argenté. Quelques valets d'écurie couraient autour d'eux et portaient des torches enflammées. J'étais curieux de savoir quel pouvait être l'objet de leur poursuite et je portai mon regard du côté vers lequel ils se dirigeaient. Mais je ne vis devant moi que la silhouette fantastique de l'homme au masque en bec d'aigle qui fuyait, les bras écartés et la tête tournée comme s'il avait voulu se rendre compte du danger qui le menaçait.

Et, à cet instant, j'eus une vision précise et particulièrement émouvante.

Le fuyard, vu ainsi de dos, les coudes écartant la pèlerine et le bec profilé au-dessus de l'épaule droite, figurait parfaitement l'aigle héraldique qui meuble les armoiries de l'Empire Français. Ce prodige glorieux apparut une seconde à peine; néanmoins je connus que je n'avais pas été seul la dupe d'une illusion d'optique. Les chasseurs qui poursuivaient l'Aigle s'arrêtèrent, interdits, à son aspect, mais leur hésitation ne dura que le temps de l'apparition.

*
* *

Cependant, le pauvre oiseau humain détourna son bec et nous n'eûmes plus devant nous qu'un malheureux faisant des efforts désespérés pour échapper à des ennemis implacables. Ils l'eurent bientôt rejoint. A la lueur des torches, je vis leurs mains sacrilèges s'abattre sur l'Aigle traqué. Il cria des paroles qui m'affolèrent et me paralysèrent au point que je n'eus même pas la pensée de me porter à son secours.

Voici ce que signifiait son cri suprême:

— Au secours! Je suis l'héritier des Buonaparte...

*
* *

Mais des coups de poing s'abattirent sur son bec, sur sa tête et interrompirent sa plainte. Il tomba inanimé, et ceux qui l'avaient ainsi assommé le ramassèrent promptement et l'emportèrent en courant. Leur troupe disparut à un tournant. Je tentai de les rattraper, mais ce fut en vain et longtemps, à l'angle de la rue où ils s'étaient engagés, je demeurai immobile, regardant les lueurs vacillantes des torches qui s'éloignaient...

*
* *

Peu de temps après cette rencontre extraordinaire, j'allai en soirée chez un grand seigneur autrichien que j'avais connu à Paris. Il y avait là des femmes admirablement belles, beaucoup de diplomates et d'officiers. Je me trouvai un moment avec le maître de la maison qui me dit :

« Il court en ce moment à Vienne, avec persistance, une légende bizarre. Les journaux n'en parlent pas, car elle a un caractère trop manifestement absurde pour trouver créance auprès de quelqu'un de sensé. Toutefois, elle est de nature à intéresser les Français, et c'est pourquoi je veux vous la faire connaître. On prétend qu'un mariage secret aurait uni le duc de Reichstadt à une demoiselle de notre grande noblesse et qu'un fils issu de cette union aurait été élevé à l'insu même des familiers de la cour. Cet illustre personnage, héritier authentique de Napoléon Bonaparte, aurait ainsi vécu jusque dans un âge avancé et à en croire les bruits qui circulent, il serait mort, il y a deux ou trois jours à peine, dans des circonstances particulièrement tragiques, mais sur lesquelles manquent tous les détails... »

Je restai muet, ne sachant pas que répondre. Et, dans cette fête mondaine, j'évoquai la douloureuse apparition du vieil Aigle qui m'avait parlé et qui, portant sur sa face masquée par raison d'État le signe superbe d'une race auguste, était peut-être le fils de l'Aiglon.

A Blaise Cendrares

Arthur Roi passé Roi futur

ARTHUR ROI PASSÉ ROI FUTUR

Le 4 janvier 2105, on vit dans les rues de Londres un Merveilleux Chevalier d'Airain Étincelant et Magnifique. Les passants pensèrent : « Quelle est cette mascarade ? » et les femmes de toutes classes qui le virent frissonnèrent jusqu'à la racine des cheveux en chuchotant : « Le beau Baladin ! » car elles le prenaient pour quelque montreur de tours.

Le bel inconnu se dirigea vers Buckingham Palace. A la grille, les gardes à cheval voulurent lui interdire le passage, mais le preux, d'un seul regard qu'il leur jeta, leur en imposa, et ils le laissèrent.

A la porte du palais, on demanda :

« Qui êtes-vous ? »

Il répondit :

— Le Chevalier du Papegaut.

— Que demandez-vous ?

— L'Aventure de ce Château.

A ce moment, la fille du roi, avertie par une suivante de la venue du Chevalier Merveilleux, vint à la fenêtre et pensa défaillir à la vue du paladin. La suivante dut soutenir sa maîtresse et lui taper dans les mains, et en se remettant, la princesse regarda encore le Chevalier d'Airain, sans pouvoir en croire ses yeux. Tout à coup elle s'échappa, mince et légère comme une abeille, et fut trouver le roi. Georges IX, dit en Angleterre le *Sonneux*, parce que son visage était couvert de taches de rousseur comme si on l'avait trempé dans un sac de son, et appelé dans les pays de langue française le *Breneux*, par suite d'un détestable jeu de mots sur *bran*, qui signifie *son* en anglais, fut mis par sa fille au courant de l'arrivée du Merveilleux Chevalier d'Airain Etincelant et Magnifique. Le roi sourit, en disant que c'était sans doute quelque prestidigitateur qui demandait à faire des tours au château et qu'il n'avait pas à s'en occuper personnellement. Mais la princesse insista pour que son père fît monter le Chevalier.

Pour contenter sa fille, Georges IX céda. Il sonna et ordonna qu'on amenât le bouffon.

Le Chevalier du Papegaut fut introduit auprès du roi, qui était assis dans un bon vieux fauteuil, les jambes croisées. A sa vue, Georges IX, ébloui, se leva et demanda :

« N'êtes-vous pas le bouffon ? »

Le Chevalier du Papegaut, l'air froissé, répondit :

« Je suis votre roi. »

Georges IX se prépara à boxer, mais la princesse sa fille s'avança, cambrée, un poing sur la hanche, vers le Chevalier en disant :

« Et moi je serai la reine. »

Georges cria :

« A l'anarchiste ! »

Et [El] de toutes parts, à cet appel, les officiers, les chambellans, les pages et la valetaille accoururent. Parmi ceux qui vinrent, il y eut aussi un vieux valet de chambre qui était fort savant et qui avait lu autant de romans de chevalerie que Don Quichotte ; ce vieillard, en apercevant le Chevalier, ne put s'empêcher de s'écrier :

« Est-ce Arthur ?

« Roi passé.

« Roi futur. »

Et celui-ci dit gravement, tandis qu'il pressait chastement la princesse sur sa poitrine :

« Je suis Arthur, votre roi, fils d'Igerne, frère d'Uter Pandragon, et je tins cour jadis à Camalot. Je suis ressuscité, et depuis quelques jours je suis venu à pied jusqu'ici, ne me montrant qu'à des paysans, qui me prirent pour une apparition et desquels, en ce peu de temps, grâce à mes dons naturels, j'ai appris à m'exprimer en votre langage. »

Si Arthur ne dit pas un mot de son épouse Genièvre, c'est d'abord parce qu'il en était veuf et se trouvait avoir une nouvelle fiancée dans les bras. Et puis aussi parce que cette reine l'avait fait cocu.

*
* *

Georges appela un page qui, après avoir écouté son maître, fit diligence. Quelques moments après, un médecin et un orfèvre furent introduits dans la salle. Georges IX les prit à part et leur parla fort bas. Le médecin, qui ressemblait à M. J.cqu.s C.p... dans le rôle de Thomas Pollock Nageoire, et l'orfèvre, dont la figure rappelait celle de M. F.1.x F.n..n, s'approchèrent ensuite du Chevalier d'Airain et le saluèrent. Le paladin sourit, il ôta son armure et laissa le médecin étudier curieusement différentes parties de son corps vigoureux, tandis que l'orfèvre examinait le travail des métaux qui le vêtaient. Le premier, le médecin se tourna vers Georges IX et lui dit, après avoir épuisé les formules d'usage :

« Sire, ce gentilhomme est certainement d'une origine plus ancienne qu'il n'est possible d'imaginer. Je ne serais même pas étonné s'il m'assurait avoir vu le jour avant Sésostris. Sa chair est plus antique que la plus vieille carne d'éléphant plusieurs fois centenaire ; c'est à peine si un bifteck de mammouth congelé dans les glaces éternelles du nord de la Sibérie peut se comparer, pour sa saine vieillesse, à ces fesses miraculeuses, »

Et, disant cela, il tapotait le derrière du Chevalier.

L'orfèvre fut moins explicite :

« Évidemment, disait-il, ces armes paraissent de l'époque, mais je dois ajouter que j'en ai déjà fabriqué dans ce goût qui sont honorablement exposées dans plusieurs musées réputés. Pourtant, si ce gentilhomme est aussi vieux que le prétend le médecin, il n'y a point de raison pour que les armes ne soient point antiques elles-mêmes. »

Mais à ce moment arriva une réponse à un télégramme que le page avait lancé, selon l'ordre de Georges IX. Celui-ci, après avoir lu le télégramme à voix basse, prononça ces paroles :

« Ce télégramme lève tous mes doutes. En voici la teneur : — *Tombeau Arthur vide.* »

Il mit un genou à terre et dit :

— Sire, je vous rends votre royaume et ne veux être que le plus loyal de vos sujets. Vous me comblez d'honneur en faisant de ma fille la reine.

— A ce propos, dit Arthur en relevant le roi détrôné, je vais commencer par me marier.

Et tandis que les assistants criaient : « Hourrah ! longue vie au roi Arthur ! longue vie à la reine ! » des hérauts couraient dans Londres annoncer la nouvelle au peuple.

L'abdication de Georges IX fut bientôt connue dans le monde entier. Pendant ce temps, Arthur se mariait, il passa une nuit de noces délicieuse.

Au réveil, après de nouveaux ébats innombrables et indescriptibles, Arthur fit venir un tailleur qui lui prit mesure pour des vêtements modernes. Comme on pense, il n'y eut pas de couronnement à Westminster, Arthur étant roi depuis des siècles. On célébra seulement dans les églises catholiques du royaume des services funèbres comme il convenait pour l'âme de la défunte reine Genièvre et pour celle de Lohok, le fils du roi Arthur qui l'engendra de la belle demoiselle Lisanoz, avant qu'il n'épousât la reine. Ce Lohok eut une vie assez malheureuse. Il avait tenté l'aventure du château de la Douloureuse-Garde et échoua comme firent beaucoup d'autres chevaliers. Il fut délivré par Lancelot et mourut d'une maladie prise dans les prisons du château.

Les jours suivants furent employés par le roi Arthur à écouter les historiens du royaume, qui firent un récit succinct de ce qui s'était passé depuis sa mort, et la vie reprit son cours ordinaire cette année même 1914, à la date du 1er avril, où j'écris cette chronique, Georges V régnant en Angleterre, et M. Raymond Poincaré, présidant à la troisième République Française, cependant que Paul Fort, prince des poètes, visite ses peuples des régions les plus reculées de la Scythie, et qu'étendu sur un divan du salon où je me tiens, mon ami André Billy ronfle avec art.

A José Théry

L'Ami Méritarte

L'AMI MÉRITARTE

L'ami Méritarte, qui voyait dans l'homme un animal artistique, s'efforçait de créer un art culinaire qui satisfît non seulement l'appétit et la gourmandise, mais s'adressât encore à l'intelligence comme font les autres arts.

Il y a près de deux ans que, dans sa petite salle à manger donnant sur la cour, au cinquième, rue Nollet, nous savourâmes à quatre le spectacle émouvant du premier drame comestible.

*
* *

Les hors-d'œuvre, composés d'andouille de Vire et de filets de harengs saurs, avaient une apparence sinistre qui nous serrait le cœur tout en éveillant notre appétit, et la funèbre soupe aux lentilles qui parut ensuite ne laissait point de nous inquiéter touchant la façon dont se terminerait cette singulière fête. On craignait un coup de théâtre. Il eut lieu sous forme d'un canard à la rouennaise dont les sanglants lambeaux, que les convives *dévorants se disputaient entre eux,* eurent l'effet dramatique qu'on en attendait. Et lorsque après une lugubre salade Rachel, composée des pommes de terre les plus jaunes et des truffes les plus noires, l'ami Méritarte eut, d'un air déterminé, troublé notre âme par les détonations d'un grand nombre de bouteilles de champagne, l'émotion fut à son comble, et comme il n'y eut ni fromage ni dessert d'aucune sorte, mais seulement un peu de café tiède sans sucre, nous partîmes dans un état de malaise difficile à décrire, et l'impression que nous causa ce premier drame culinaire ne disparaîtra jamais de nos mémoires,

*
* *

Quelque temps après cette sombre tragédie, l'ami Méritarte nous convia à un régal de comédie. Il y eut d'abord une soupe madrilène à la glace qui provoqua des sourires. Mais tout le monde éclata de rire quand notre hôte nous eut renseignés sur l'origine taurine des *criadillas* qui suivirent. Les plaisanteries reprirent de plus belle autour d'une tête de veau dont la bouffonnerie nous plut au point que nous ne laissâmes que le persil dont on l'avait parée. Un gigot bien saignant ne fut pas moins goûté, l'ail qui le parfumait et les haricots de Soissons sur lesquels il reposait mollement nous ayant paru des ressorts éminemment comiques. Bref, nous rîmes comme des bossus, et le petit vin blanc que nous versait Méritarte favorisait notre gaîté.

*
* *

Mais l'ami Méritarte voulait élever son art jusqu'au lyrisme. Il nous servir un soir, un potage aux vermicelles, des œufs à la coque, une salade de laitue aux fleurs de capucines et du fromage à la crème. Nous déclarâmes que c'était là de la poésie sentimentale et, dépité, l'ami Méritarte affirma qu'il s'élèverait jusqu'au ton de l'ode. Il est vrai qu'un mois plus tard il nous servait un cassoulet par lequel son art atteignait enfin au sublime. Il s'essaya même à l'épopée, avec une bouillabaisse dont la saveur méditerranéenne nous rappela sur-le-champ les poèmes d'Homère.

*
* *

Mais que devînmes-nous lorsque l'ami Méritarte nous annonça qu'il se livrait désormais à la philosophie et qu'il nous invitait à devenir ses disciples le jeudi suivant. Nous fûmes exacts au rendez-vous, mais à voir nos mines inquiètes, on eût deviné que la métaphysique des fourneaux nous inspirait peu de confiance. Nous avions raison, car on servit un plat d'os de bœuf dont nous eûmes bien de la peine à retirer la moelle ; il y eut encore des têtes de lapin que nous dûmes briser pour en sucer la cervelle ; en fait de dessert, on eut des amandes, des noix, et, comme c'était le jour des Rois, un gâteau dont la fève ne servit point à désigner un monarque, mais évoquait simplement la sagesse pythagoricienne, à la fin de ce banquet philosophique.

On craignait que, désabusé, l'ami Méritarte ne se réfugiât dans une sorte de dévotion, à la faveur de quoi il nous eût servi des repas mystiques. Nous nous trompions : Méritarte, qui s'était élevé jusqu'à l'épopée, descendit jusqu'au roman et finit par épouser sa cuisinière, qui était une belle fille. Ayant abandonné ses fourneaux, la nouvelle Mme Méritarte, qui s'accommodait mal de n'avoir plus rien à faire, se mit à tromper son mari outre mesure. Pendant quelque temps, celui-ci sembla avoir renoncé à son art. Mais, un jour, il décida de donner un grand dîner satirique auquel il n'invita que les amants de sa femme.

Nous étions là une dizaine de personnes outre Méritarte et sa femme, Le repas fut aussi dramatique que possible : potage funèbre, viandes saignantes, etc. On servit des champignons, dont, je ne sais par quel hasard, je m'abstins de manger. Le plat était copieux et tout le monde s'en régala, sauf moi qui les laissai sur mon assiette. Et bien m'en prit, car, dès la fin du repas, les convives, y compris l'ami Méritarte, pâlirent, se plaignirent de douleurs épouvantables et moururent dans la nuit, empoisonnés par les champignons vénéneux.

*
* *

Ainsi, la satire de l'ami Méritarte atteignit véritablement son but et tua ceux qui en étaient l'objet, y compris lui-même qui était las de la vie et qui croyait avoir épuisé toutes les ressources de son art.

*
* *

Pour ma part, j'ai souvent tenté d'initier des cuisiniers à ce sublime culinaire qu'avait découvert l'ami Méritarte, mais ils ne m'ont point compris. De longtemps encore, pensé-je, les tentatives artistiques de cet homme de génie ne seront pas reprises. Cependant, tous les domaines de cet art nouveau n'ont pas été explorés et, pour ma part, j'ai toujours été étonné en pensant que l'ami Méritarte n'eût rien tenté dans le genre historique. Il est vrai que ce n'était nullement un érudit ni un savant, mais avant tout un homme d'imagination, un poète tout particulièrement doué pour le genre satirique.

A la mémoire d'André Dupont

Cas du Brigadier masqué

c'est-à-dire

Le Poète ressuscité

CAS DU BRIGADIER MASQUÉ

c'est-à-dire

LE POÈTE RESSUSCITÉ

Le nouveau Lazare se secoua comme un chien mouillé et quitta le cimetière. C'était trois heures de l'après-midi et partout on collait les affiches relatives à la mobilisation.

ICI

CE

UEI

AN

EQ

L I

;IS

Γ P

RR

ĠA

ᵔ E

P

LE

Il réclama un duplicata de son livret militaire à la gendarmerie et étant dans l'auxiliaire se fit verser dans le service armé.

*
* *

Il vivait depuis trois mois environ au dépôt du NN^e Régiment d'Artillerie de campagne à N.m.s.

Un soir, vers six heures, il lisait mélancoliquement cette curieuse annonce qui décore un pan de mur dans une petite rue proche des Arènes,

LA

quand devant lui se dressa un singulier brigadier qui faisait partie de son régiment et dont le visage était couvert d'un masque aveugle.

— Suivez-moi, lui dit le masque étrange. Et attention au pastisse!... Aviss!

— Je vous suis, brigadier, dit le nouveau Lazare, mais, dites-moi, êtes-vous blessé?

— J'ai un masque, canonnier, dit le brigadier mystérieux, et ce masque cache tout ce que vous voudriez savoir, tout ce que vous voudriez voir, il occulte la réponse à toutes vos questions depuis que vous vous êtes revenu à la vie, il rend muettes toutes les prophéties et grâce à lui, il ne vous est plus possible de connaître la vérité.

*
* *

Et le canonnier ressuscité suivit le brigadier masqué, ils arrivèrent à l'église des Carmes et prirent le chemin d'Uzès qui menait aux casernes.

Ils entrèrent, traversèrent la cour d'honneur, allèrent derrière les bâtiments jusqu'au parc où s'étant appuyé contre la roue gauche d'un 75, le brigadier se démasqua soudain et le poète ressuscité vit devant lui tout ce qu'il voulait savoir, tout ce qu'il voulait voir.

Dans de grands paysages de neige et de sang il vit la dure vie des fronts; la splendeur des obus éclatés; le regard éveillé des guetteurs épuisés de fatigue; l'infirmier donnant à boire au blessé; le maréchal des logis d'artillerie agent de liaison d'un colonel d'infanterie attendant avec impatience la lettre de son amie; le chef de section prenant le quart dans la nuit couverte de neige; le Roi-Lune flottait au-dessus des tranchées et criait non pas en allemand, mais en langue française :

« C'est à moi de lui enlever la couronne que j'ai donnée à son grand-père. »

En même temps, il jetait de petites bombes pleines d'angoisse et de folie sur ses régiments bavarois; dans le corps des Garibaldiens, Giovanni Moroni recevait une balle dans le ventre et mourait en pensant à sa mère Attilia; à Paris, David Bakar tricotait des passe-montagnes pour les soldats et lisait l'*Écho de Paris*; Viersélin Tigoboth, à cheval sur le porteur d'arrière, conduisait une voiture-canon belge vers Ypres; Mme Muscade soignait les blessés dans un hôpital de Cannes; le fopoîte Paponat était sergent fourrier dans un dépôt d'infanterie à Lisieux; René Dalize commandait à une compagnie de mitrailleuses; l'oiseau du Bénin camouflait des pièces d'artillerie lourde; à Szepeny, en Hongrie, un petit vieillard élégant se suicidait devant l'autel où repose la châsse de sainte Adorata; A Vienne, le comte Polaski, dont le château est aux environs de Cracovie, marchandait chez un brocanteur un singulier masque en forme de bec d'aigle; le feldwebel Hannés Irlbeck ordonnait à ses recrues de massacrer un vieux prêtre ardennais et quatre jeunes filles sans défense; le vieux ventriloque comique Chislam Borrow allait donner des séances dans les hôpitaux de Londres pour distraire les blessés. Et les obus éclataient en gerbes merveilleuses.

Puis le poète ressuscité vit les mers profondes, les mines flottantes, les sous-marins, les flottes redoutables. Il vit les champs de bataille de la Prusse orientale, de la Pologne, le calme d'une petite ville sibérienne, des combats en Afrique, Anzac et Sédul-Bar, Salonique, l'élégance dépouillée et infiniment terrible de la mer des tranchées dans la Champagne Pouilleuse, le sous-lieutenant blessé que l'on porte à l'ambulance, des joueurs de base-bail dans le Connecticut et des batailles, des batailles; mais au moment où il allait voir la fin de tout cela et ce qu'il avait surtout le désir de connaître, le brigadier remit son masque aveugle et dit avant de s'en aller:

«Canonnier, vous avez manqué l'appel. Vous êtes porté manquant.»

Et à ce moment le trompette sonna la tendre, la mélancolique sonnerie de l'extinction des feux.

Levant la tête avant de regagner sa chambrée, le poète ressuscité vit qu'au ciel les étoiles s'étaient groupées, qui sans se ternir s'effeuillaient en pétales odoriférants, et points d'impact de millions de cris poussés par la terre et le ciel, formaient cette inscription éclatante :

VIVE LA FRANCE !

*
* *

IL DORT DANS SON

PETIT LIT DE SOL

D AT MON POÈTE R

E S S

U S

C I

T É

Puis il partit comme les autres avec un détachement...

Et le front s'illuminait, les hexaèdres roulaient, les fleurs d'acier s'épanouissaient, les fils de fer barbelés maigrissaient de désirs sanglants, les tranchées s'ouvraient comme des femelles devant les mâles.

Tandis que le poète écoutait les obus miauler au-dessus des hypogées que creusent les soldats, une Dame merveilleuse caressait son collier d'hommes attentifs, ce collier sans égal, rivière panethnique qui ruisselle de feux sans nombre.

Et les chevaux de frise écumaient sous la pluie.

O glauque jour où va le régiment de sites.

O tranchées, sœurs profondes des murailles.

Venu à cheval jusqu'aux lignes, avec une corvée de rondins, et enveloppé de vapeurs asphyxiantes, le brigadier au masque aveugle souriait amoureusement à l'avenir, lorsqu'un éclat d'obus de gros calibre le frappa à la tête d'où il sortit, comme un sang pur, une Minerve triomphale.

Debout, tout le monde, afin d'accueillir courtoisement la victoire !

1910-1915

Ce livre était sous presse au moment de la guerre. On y
a ajouté la dernière nouvelle.

TABLE DES MATIÈRES

Table des matières

POÈTE RESSUSCITÉ

Lightning Source UK Ltd.
Milton Keynes UK
UKHW010942281222
414514UK00004B/279